학부모님께 보내는
가정통신문

학부모님께 보내는

가정통신문

초판 1쇄 인쇄 2019년 9월 25일
초판 1쇄 발행 2019년 9월 30일

지은이 권승호

펴낸이 강기원
펴낸곳 도서출판 이비컴

디자인 이유진
마케팅 박선왜

주 소 (02635) 서울 동대문구 천호대로81길 23, 201호
전 화 02-2254-0658 **팩 스** 02-2254-0634
등록번호 제6-0596호(2002.4.9)
전자우편 bookbee@naver.com
I S B N 978-89-6245-170-2 (03370)

「이 도서의 국립중앙도서관 출판예정도서목록(CIP)은 서지정보유통지원시스템 홈페이지
(http://seoji.nl.go.kr)와 국가자료종합목록 구축시스템(http://kolis-net.nl.go.kr)에서 이용하
실 수 있습니다.(CIP제어번호 : CIP2019035784)」

학부모님께 보내는
가정통신문

사교육에 의존하지 않고
'제대로' 공부할 수 있는 방법

권승호 지음

이비락 樂

공부다. 유치원생부터 할머니 할아버지까지 온통 공부고

새벽부터 밤늦게까지 대한민국은 온통 공부로 물들어 있다.

인사말도 공부인 경우가 대부분인

그야말로 기   승   전   공부 그 자체다.

그 공부가 즐거움 기쁨 행복이 아닌 고통이 된 지 오래다.

행복 만들겠다는 공부가 고통을 만들어내는 이 슬픈 아이러니.

아니라고 말하고 싶었다.

공부 못해도 된다고 말하고 싶었고

영어 수학 못해도 행복하게 살 수 있다고 말하고 싶었으며

공부 늦게 시작해도 된다고 말하고 싶었다.

공자가 15살을 지학(志學)이라 말하였음을 근거로 내세워

유명한 학자요 사상가였던 공자도 15살에 공부 시작하였음을 이유삼아

중학교 입학 후 공부해도 늦지 않은 것임을 이야기하고 싶었다.

초등학교 때는 놀아도 된다고 중학교 입학 후 공부해도 늦지 않으니

조기교육에 목매지 말라고

중학교 입학 후 공부해도 늦지 않으니 조기교육에 목매지 말라고

고등학교 입학 이후 공부 시작하였음에도
멋지고 아름답게 사는 사람들 많다고 소리 지르고 싶었다.
억지로 되는 것 아니라고
스스로 공부하고 싶은 마음먹을 때까지 기다려주어야 한다고,
말을 물가에 끌고 가는 것이 목적 아니라
물 먹이는 것이 목적인 것 아니냐고 소리치고 싶었다.

도와준다고 하는 일이 소망과는 반대로
싫어하도록 만들고 짜증나도록 만들고 있는 것은 아닌지 돌아보라고
공부 싫어하게 만드는 어리석은 짓 당장 그만두어야 한다고
말해주고 싶었다.
공부도 재주인 것이라고,
누구라도 노력하면 공부 잘하게 되는 것 아니라
타고난 재주 있어야 공부도 잘할 수 있는 것이라고
공부 재주만 가치 있는 게 아니라 다른 재주도 가치 있는 것이라고
타고난 재주 살리는 것이 현명한 것이라고 이야기해주고 싶었다.
그러나 이 이야기에 고개 끄덕일 사람 많지 않다는 사실 알기에,
공감해주기도 어렵지만 설령 고개 끄덕였다고 해도
실천해줄 사람 거의 없다는 사실 확인 하였기에 여러 번 주저앉았다.
그럼에도 포기되지 않았기에
슬픈 현실 뒷짐지고 바라만 볼 수 없었기에
용기를 내 보았다.

자기주도학습이 최고의 공부 방법임을 이야기해주고 싶었다.

사교육은 실력 향상에 도움 주지 못하고

오히려 공부를 방해한다는 사실,

사교육 받게 되면 스스로 공부할 시간을 가질 수 없게 되어

오히려 공부 못하게 된다는 분명한 진실을

확실하게 이야기해주고 싶었다.

그리고 부모는 어떠해야 하는지

자녀와 어떻게 행복 만들어 갈 수 있는지에 대해

함께 고민해보고 싶었다.

행복하자고 하는 공부일진데

오히려 행복을 망가뜨리고 있는 현실.

이건 아니라고 투덜거리면서도 자신만 뒤처질 수 없다는 불안감으로

불행의 길 가고 있는 학생 학부모 모두를

고민의 마당에 초대하고 싶었다.

"전국 17개 시·도 중, 최근 10여 년간

대학수학능력시험 점수가 가장 높은 시·도는 어디일까?"

서울? 아니다. 부산도 광주도 대구도 아니다.

정답은? 제주도인데

1년이 아니고 최근 9년 연속, 그것도 전 과목에서 1등인데.

서울은 2등도 3등도 4등도 아니고 중간 정도인데.

왜 제주도 학생들의 성적이 가장 좋을까?

지극히 당연하게도 공부하는 시간이 많기 때문이다.

공부하는 시간은 전국 고등학생이 거의 같지 않느냐고?

오히려 서울 학생이 더 많지 않느냐고?

중요한 것은 진짜 공부 시간, 그러니까 자기주도학습 시간이다.

책상 앞에 앉아 강의 듣는 시간의 양이 중요한 것 아니라

스스로 공부하는 시간의 양

그렇다. 자기주도학습 시간이 적으면 절대 공부 잘할 수 없다.

공부는 선생이 시켜줄 수 없고

학생이 하고 싶은 마음 가지고 해야 하는 것이기 때문이다.

자기주도학습을 한 아이들은 만족할만한 결과를 얻지만

사교육이나 인강만 의지하는 아이는 좋은 결과 얻지 못하게됨을

오랜 시간 학교 현장에서 너무 많이 확인하였다.

사교육 받아서 성적 올린 아이가 있지 않느냐고

반문하는 사람 있을 것 같은데

그 사람들에게는 이렇게 이야기해주고 싶다.

사교육 받아 좋은 결과 얻은 아이도 있지만

사교육 받아 좋지 않은 결과 낸 아이도 많다는 사실.

좋은 결과를 얻은 것은 사교육이 원인 아니라

공부 재주 가지고 태어났고

공부에 시간을 많이 투자했기 때문이라는 사실.

사교육을 받지 않고 자기주도학습을 하였더라면
더 좋은 결과 얻었을 것 확실하다는 사실.

찌든 때처럼 씻기지 않는 단단해진 생각들이 안타까웠고
남들 다 시키는데 나만 시키지 않을 수 없다는 말이 슬펐다.
자기주도학습이 최고의 공부법이라는 외침에 고개 끄덕이면서도
불안하다면서 변화를 거부하는 학부모들이 불쌍하기까지 하였다.
진실을 이야기하지 않는 것은 죄가 된다는 생각 때문에
여러 번 듣고 또 들어야 생각이 바뀔 수 있다는 생각에
내가 이 사회를 위해 할 수 있는 일이 이 일이라는 생각에
용기를 내었다.
나의 작은 외침들이 변화의 불쏘시개 역할을 하고
행복의 마중물 역할을 할 수 있게 된다면 참 좋겠다는 마음으로.

내 말 믿고서 사교육에 눈길 한 번 주지 않은 아내
사교육 없이 행복하게 공부하여
그 누구보다 멋지게 성장한 아들딸
사교육 그만 두고 자기주도학습으로 성공한 후
"선생님 감사합니다. 선생님이 옳았습니다."
라고 말해준 제자들에게 고마운 마음 전하고 싶다.

2019년 9월

전주영생고등학교에서

권 승 호

차 례

1장   공부, 공개된 비밀들

2장   공부, 잘 해야만 하는가

3장   사교육, 꼭 해야만 하는가

4장　　　**부모가** 바뀌어야 **아이가** 바뀌는데

배우는 시간보다 읽고 익히는 시간이 더 많아야 하는 이유는
배우는 과정에서는 생각하는 기회를 가질 수 없지만
스스로 읽고 익히는 과정에서는
생각 할 기회를 가질 수 있기 때문이다.

1장

공부,
공개된 비밀들

독서백편의자현(讀書百遍其義自見)

중국 후한(後漢) 말기에 동우(董遇)라는 학자가 있었다.

어려서부터 유달리 학문을 좋아하여

늘 옆구리에 책을 끼고 다니며 독서에 힘을 쏟아

당대 최고의 실력을 가진 학자로 소문이 났다.

동우(董遇)가 공부를 잘한다는 소문이 나자

그에게 배우겠다는 사람들이 찾아왔는데, 그때마다 그는

"반드시 마땅히 먼저 백 번을 읽어야 한다.

책을 백 번 읽으면 그 뜻이 저절로 드러나기 때문이다

(必當先讀百遍, 讀書百遍其義自見)." 라면서 가르치기를 사양했다고 한다.

자신에게 배우려 하기보다 혼자서 책을 여러 번 읽는 것이 낫다는

동우(董遇)의 말에서 공부방법의 해답을 찾을 수 있어야 한다.

독서백편의자현(讀書百遍義自見)은

아무리 어려운 내용의 글도 자꾸 되풀이하여 읽게 되면

그 뜻을 스스로 깨우쳐 알 수 있게 된다는 말이다.

백 번이라 하였지만 꼭 백 번은 아니고

뜻을 알 수 있을 때까지 되풀이해서 읽는다고 해석해야 옳다.

끈기 있게 노력하면 목표를 이룰 수 있다는 해석도 가능하지만,
지식 습득은 누구에게 배운다고 가능한 것 아니고,
책 한두 번 읽음으로써 가능한 것도 아니며,
반복해서 읽고 연구하고 또 반복해서 읽고 연구함으로써
가능한 것이라고 해석해야 옳다.

이제는 자신 있게 이야기할 수 있다.
배운다고 알아지는 것 아니고
한두 번 읽는다고 알게 되는 것도 아니며,
생각하면서 읽고 또 읽고 스스로 알아내려고 땀 흘려야
지식을 쌓을 수 있다는 사실.
다른 일들과 마찬가지로 공부 역시 방법이 중요하다.
대다수 사람들은 배워야 알 수 있게 된다고 생각하고,
배우지 않으면 알 수 없다고 생각한다.
잘 배워야 잘 알 수 있다고 생각하고
많이 배워야 많이 알 수 있게 된다고 생각한다.
그런데 이 생각이 잘못된 생각이고 엉터리 생각인 이유는
똑같은 교실에서 똑같은 선생님에게 똑같은 시간 동안
똑같은 내용을 배웠지만
성적이 천차만별임을 통해 쉽게 확인할 수 있다.
공부 잘하는 사람의 대부분은
혼자 책과 씨름했던 사람들이다.

배운다고 알게 되는 것 절대 아니고

배운다고 지식 커지는 것 절대 아니다.

노래 배웠다고 노래 잘 부를 수 있게 되는 것 아닌 것처럼,

농구 배웠다고 농구 잘하게 되는 것 아닌 것처럼

수학 배운다고 수학 잘하게 되는 것 아니고

영어 배운다고 영어 잘하게 되는 것 결코 아니다.

그렇다. 스스로 반복해서 읽고 또 읽어야 한다.

책 속에 진리가 있음을 믿고,

읽으면서 생각하다보면 알 수 있게 된다는 믿음 가지고

읽고 또 읽고 생각하고 또 생각해야 한다.

사전이나 참고 서적을 참고하면서

이렇게 읽어보고 저렇게 읽어보아야 한다.

배우는 것보다 읽고 익히는 과정에 더 효율적인 이유는

배우는 과정에서는 생각하는 기회를 가질 수 없지만

스스로 읽고 익히는 과정에서는

생각하는 기회를 가질 수 있기 때문이다.

배우는 과정에서는 '아는 것 같은 것'을 '아는 것'으로 착각하지만

읽고 익히는 과정에서는 '완전하게 아는 것'으로 마무리하기 때문이다.

격물치지(格物致知)

수신제가치국평천하(修身齊家治國平天下)를 이야기하는 사람이 많다.

'대학(大學)'에 나오는 말로

자신의 몸을 닦아야 집안을 다스릴 수 있고,

나라를 다스릴 수 있으며, 천하를 평정할 수 있다는 이야기이다.

여기에서 가장 바탕이 되는 것이

'닦을 수(修)' '몸 신(身)'의 '수신(修身)'

즉 몸을 닦는다는 일임은 두말 할 필요가 없다.

수신(修身) 되지 않으면

제가(齊家)는 물론 치국(治國)도 되지 않음을 알아야 하는데

유감스럽게도 대부분의 사람은 가장 기본이 되는

수신(修身)의 방법에 대해서는 별 관심이 없다.

수신제가치국평천하(修身齊家治國平天下) 앞에 나오는

격물치지성의정심(格物致知誠意正心)이 답이다.

연구할 격(格) 사물 물(物)을 쓴 '격물(格物)'은

글자 그대로는 사물을 연구한다는 의미이지만

사물의 이치를 철저히 연구하여 밝힌다는 뜻으로 이해해야 한다.

사물의 근본 이치를 철저히 연구해야 '치지(致知)' 할 수 있고,

치지(致知)하여야 '성의(誠意)' 할 수 있고

성의(誠意)하여야 '정심(正心)' 할 수 있다는 말이다.

치지(致知)는 '이를 치(致)' '알 지(知)'로 앎에 이른다는 의미이고,

'정성 성(誠)' '뜻 의(意)'의 성의(誠意)는 뜻을 정성스럽게 한다는 말이며

'바를 정(正)'의 정심(正心)은 마음을 바르게 한다는 의미이다.

'격물(格物)'이 중요하다.

반쯤 아는 것보다는 모르는 것이 낫다는 말도 같은 맥락인데

그럼에도 대부분의 사람은

깊이 알려 하지 않고 생각하려고도 않는다.

고민하려 하지 않고 의문을 품지 않으며

대충대충 빨리빨리만을 외친다.

특히 학생들은 점수 따기에만 급급하여

깊이 알려 하지 않고 정확하게 알려고도 하지 않는다.

격물치지(格物致知)가 중요하다.

조급한 마음을 버리고 사물의 이치를 철저히 알아야만

앎에 이르게 된다는 사실을 진리로 받아들일 때

공부를 잘 할 수 있음은 물론 인격 함양도 이룰 수 있다.

심부재언시이불견(心不在焉視而不見)

그냥 멍 하니 앉아있다.

뭐하고 있느냐고 물으면

아무 생각 없이 앉아있었노라 이야기한다.

수업은 진행되는데 수업에 집중하는 아이는 많으면 반절이다.

졸고 자고 멍 때리고…….

언젠가 아이들에게 물어보았다.

"시험공부 하지 않고 시험 보았다면

시험공부 하고 시험 보았을 때의 점수 몇 퍼센트를 받을 수 있을까?"

50퍼센트 넘을 수 있다고 이야기하는 아이들은 거의 없었고

대부분 30~40퍼센트를 이야기하였다.

수업시간엔 마음 없이 앉아 있었기 때문이고

시험공부 때엔 마음을 가지고 앉아있었기 때문일 것이다.

심부재언시이불견(心不在焉視而不見)이라 하였다.

마음이 있지 않으면 보아도 보이지 않는다는 의미이다.

청이불문(聽而不聞) 식이부지기미(食而不知其味)가 이어지는데
들어도 들리지 않고 먹어도 그 맛을 알지 못한다는 의미로
마음이 없으면 성과를 이루어낼 수 없다는 말이고
무엇을 하든지 마음가짐이 중요하다는 말이다.

공부, 잘하고 싶다면 먼저 앎에 대한 욕망도 가져야 한다.
알아내고야 말겠다는 마음
풀어내고야 말겠다는 마음
할 수 있다는 마음
하면 된다는 마음,
알아내려는 의지를 가지면 알아낼 수 있다는 믿음.

시합에 들어가기 전 몸 상태를 점검하고 준비운동을 시킨 다음
경기장에 들여보내는 것처럼
사업장에서 몸 상태 정신 상태 업무능력 조사한 뒤
작업장이나 사무실에 들여보내는 것처럼
공부할 마음 있는 학생만 책상 앞에 앉도록 하면 어떨까?
공부할 마음 없이 책상 앞에 앉아있음은
누구에게도 이익이 되지 않기 때문이다.

무조건 책상 앞에 앉도록 해서는 안된다.
멍 때리며, 졸며, 자며, 딴 생각하며
일곱 시간 책상 앞에 앉아있도록 해서는 안된다.

알고 싶은 욕심 가질 때에만, 실력 쌓겠다는 의지 가진 학생만
책상 앞에 앉을 기회 주면 어떨까?
중요한 것은 마음이다.
심부재언시이불견(心不在焉視而不見)하고 청이불문(聽而不聞)하며
식이부지기미(食而不知其味)이다.

마음이 없으면
보아도 보이지 않고
들어도 들리지 않으며
먹어도 그 맛을 알지 못한다.

1장 공부, 공개된 비밀들

과유불급(過猶不及)

많이 먹인다고 건강해지지 않는 것과 마찬가지로
많이 가르친다고 실력이 향상되는 것도 아니다.
수업을 많이 받음이 공부 잘할 수 있는 방법은 아니라는 말이다.

과유불급(過猶不及)이라 하였다.
지나친 것은 미치지 못한 것만 못하다.
지나친 것은 언제 어디서나 문제를 일으킨다.
가르침은 필요하지만 너무 많이 가르침은 오히려 독이 된다.
가르치되 학생들의 반응도 살펴가면서 가르쳐야 한다.
가르침을 주되 조금씩 소화시키는 정도를 보아가면서 주어야 한다.
몰아붙이지 말아야 하고
스스로 깨달을 때까지 기다려주어야 하며
가르치는 중간 중간에 질문을 던져서
이해하고 있는지 확인하여야 한다. 최상의 방법은
책 던져주고 스스로 깨달을 때까지 시간을 주고 기다려주는 일이다.

선생님이 열심히 많이 가르치는 것과 학생 실력 향상 사이에
비례가 성립되는 것 결코 아니다.
오히려 그 반대일 수도 있다.
많이 배운다는 것은 적게 익힌다는 말이 되기 때문이다.
배우는 시간보다 익히는 시간이 더 많아야 하고
배움은 필요하지만 배움으로 마무리해서는 안 된다.
과유불급은 공부에도 확실하게 적용된다.

<u>쉽게 얻으면 쉽게 잃는 것이 세상의 법칙이다.</u>
<u>땀 흘리면서 힘들게 얻은 것은 곁에 오래 오래 머물러 주지만</u>
<u>쉽게 얻은 것은 빠르게 도망치고 만다.</u>
<u>스스로 탐구하여 얻은 지식이라야 온전히 자신의 지식이 된다.</u>
고기 잡는 법을 가르치지 않고 잡은 고기만 계속 주면
고기 잡는 법을 익힐 수 없어 결국 굶어죽을 수밖에 없다.
어렵고 짜증날지라도 고기 주는 대신
고기 잡는 법을 가르쳐주어야 하는 이유이다.

주는 기쁨 맛보겠다는 욕심으로 고기만 주어서는 안 된다.
언제까지 줄 수 있는 것이 아니기 때문이기도 하고
줄 수 있는 고기의 양에 한계가 있기 때문이기도 하지만
고기 잡는 기쁨을 빼앗아버리는 나쁜 행위이기 때문이다.
고기를 주는 것보다
고기 잡는 방법을 가르쳐주는 일이 훨씬 더 중요한 것처럼
많이 가르쳐주려 노력하기보다

스스로 깨우칠 수 있도록 도와주어야 한다.

과유불급(過猶不及)이라 하였다.

지나침은 모자람만 같지 못하다는 이야기이다.

교왕과직(矯枉過直)이라 하였다.

굽은 것을 바로 잡으려다가 곧음에 지나친다는 의미로

잘못을 바로잡으려다가 지나쳐서 오히려 나쁘게 되었다는 말이다.

교각살우(矯角殺牛)라 하였다.

약간 굽은 뿔 바로잡으려다 소를 죽이고 말았다는 이야기다.

뿌린 만큼 거둔다는 말이 진리 아니냐고 묻지 말라.

뿌린 만큼 거두는 것은 예나 지금이나 진리인 것 분명하지만

너무 많이 뿌리면 모두가 죽게 된다는 사실도 진리이다.

지나치게 많은 수업과 과외, 너무 많이 배우는 일은

결코 현명한 씨 뿌리기 행위가 아니다.

배움은 중요하고도 필요하지만 하루 6, 7시간 배움은 너무 많다.

6, 7시간도 많은데 거기에 학원, 과외, 인터넷 강의까지.

오늘날 대한민국의 슬픈 자화상이다.

배우면 알게 된다고 누가 말하는가?

학부모님들은 학창 시절에 배운 것 다 알았는가?

필요한 것은 배움이 아니라 익힘인데

과유불급(過猶不及), 틀린 말이 결코 아닌데.

알묘조장(揠苗助長)

욕심대로 되지 않는 게 세상사 아니던가?
욕심 부리다 오히려 일을 그릇쳐버린 경험은 없는가?
그럼에도 왜 욕심부리기를 멈추지 못하는지.
왜 빨리빨리를 그렇게 빨리빨리 외치는지.

옛날 아주 옛날 중국 송(宋)나라에
자신이 심은 모종의 성장이 더딘 것을 걱정하여
하루에도 몇 번씩 밭에 나가 싹이 빨리 자라지 않음을 안타까워하다가
빨리 키우게 하고 싶은 욕심으로
기어이 모종을 잡아당긴 사람이 있었다.
그리고는 집에 돌아와 자랑스러운 듯
"오늘은 정말 피곤하다. 곡식이 자라도록 내가 도와주었기 때문이다."
라고 이야기 하였단다.
아들이 놀라 밭으로 달려갔을 때에 모종은 이미 다 말라 죽어 있었다.

"호연지기(浩然之氣)를 억지로 기르려 하면 도리어 해를 초래한다.

그것은 어떤 노력도 하지 않고 있는 것보다 나쁜 결과가 된다."
공자의 말인데, 호연지기를 이야기하면서
어서 자라게 하기 위해 억지로 돕는 일은
도리어 나쁜 결과를 가져온다는 의도로 한 말이었을 것이다.

시간이 필요하다.
농사일이나 생명을 탄생시키는 일에만 시간이 필요한 것 아니다.
밥하고 찌개 끓이는 데에만 시간 필요한 것 아니라
<u>공부에도 시간이 필요하다.</u>
<u>빨리 얻는 것은 빨리 잃어버리는 것이 세상 이치이듯</u>
<u>빨리 습득한 지식과 지혜는 빨리 사라질 수밖에 없는 것도</u>
<u>세상 이치다.</u>

한 때 속독법이 유행했던 적이 있었는데 지금은 거의 사라졌다.
그렇다. 책, 빨리 읽을 수 있는 것 아니고
빨리 읽은 것은 읽은 것이라고 보기도 어렵다.

욕속부달(欲速不達)은 공부에도 그대로 적용된다.
서두르지 말자.
서두른다고 될 일이 아닌 것에 공부도 포함된다.
알묘조장(揠苗助長)의 어리석은 주인공
대한민국의 학부모 중에 많아도 너무 많다.
서두르는 것은 어리석음이다.

빨리 자라기 위한 욕심으로 뿌리를 잡아 뽑아 올리는
그래서 결국 죽음으로 몰고가는
알묘조장(揠苗助長)이라는 어리석은 행위 그 자체일 뿐이다.

생각하기 귀찮아하고, 인성이 바르지 못하고, 이기적이고,
인간에 대한 이해가 부족하고, 인내력 없고, 자기중심적이고,
게으르고, 요행만 바라고, 열정이 부족하여 불행한 것이지
영어 수학 못하고 대학 나오지 못하여 불행한 것은 결코 아니다.

2장

공부,
잘 해야만 하는가

공부 못해도 행복한 사람 많아

공부, 잘하면 좋다는 사실을 누가 부정할 수 있을까?
공부 잘하게 되면,
하고 싶은 일 할 수 있다는 사실 모르지 않을 것이고
좀 더 커다란 행복 만날 수 있다는 사실도 부정할 수 없다.
그러나 확률이 높고 가능성이 많다는 것이지
반드시 그러한 것이 아니라는 사실도 알아야 한다.
공부 못하였을지라도 멋지고 행복하게 사는 사람
대한민국 여기저기에 많고
공부 뛰어나게 잘했을지라도 욕먹으면서 초라하게 사는 사람
대한민국 곳곳에 엄청 많다.
또한 공부 잘하여 권력과 돈을 쥐었지만, 그 때문에
비극적인 최후를 맞이한 사람도 적지 않다.
중요한 사실은
공부 잘하고 싶은 욕망이 공부 잘하게 되는 결과로
이어지지 않는다는 것이다.
모든 학생이 공부 잘할 수 없다는 진실,
능력껏 소박하게 사는 것이 현명한 삶일 수 있다는 진실,

공부 못해도 충분히 행복할 수 있다는 진실,
분명하게 알면 좋겠다.

학창 시절에 공부 못하였지만
누구보다 열심히 활기차게 생활하면서
사람들의 부러움을 받으며 사는 사람들 많고,
열심히 공부해서 그 지식으로 권력을 사고
그 권력을 잘못 사용하여 삶을 망가뜨린 사람들도 많다.
<u>행복한 삶을 살다간 사람들의 행복이</u>
<u>공부 잘한 것에서 비롯된 것 아니라는 사실을 알아야 하고</u>
<u>불행한 삶을 살다간 사람들의 불행이</u>
<u>배우지 못함에서 온 것 아니라는 사실도 알아야 한다.</u>
생각하기 귀찮아하고, 인성이 바르지 못하고, 이기적이고,
인간에 대한 이해가 부족하고, 인내력 없고, 자기중심적이고,
게으르고, 요행만 바라고, 열정이 부족하여 불행한 것이지
영어 수학 못하고 대학 나오지 못하여 불행한 것은 결코 아니다.
3~40년 전까지만 해도 가난하고 배우지 못한 사람들은
부자나 권력자에게 착취당하면서 눈물 흘리며 살았지만
지금은 아니다. 아니, 진즉부터 아니다.
공부 잘하지 못한 사람들도
성실하게 노력하면 남부럽지 않게 살 수 있는 세상이 되었다.

오해하지 말았으면 한다.
공부하지 말자는 이야기가 아니니까.

공부만이 삶의 길이 아니라는 이야기이고
공부 못해도 행복할 수 있다는 이야기다.
'공부'는 좋지만 '오직 공부'는 좋지 않다는 이야기이고
억지 공부로 땀 흘리면서 행복 내팽개칠 필요 없다는 이야기다.
운전하는데 국어 실력이 뛰어나야 할까?
연예인 되는데 수학 잘해야 할 이유가 있는가?
회사 업무 처리에 어려운 영어 어휘 실력 필요한가?
회사 경영에 높은 수준의 영어 독해력 중요한가?
의사로서의 업무 수행에 수학1, 2등급이 필수인가?

대학 입학 이후, 또는 대학 졸업하고 배우면 정말 늦은 것인가?
엉터리로 들릴 이야기를 이렇게 자신 있게 이야기하는 이유는
너나없이 공부만 외치고 있는 현실이 안타깝기 때문이고
어리석은 사람들의 말과 행동을 생각 없이 따라하는 사람들이
안쓰럽고 또 안쓰럽기 때문이다.

공부도 재주다

포기하는 것이 현명할 때도 적지 않다.
하고 싶은 일을 포기하라는 말 아니라
하기 싫은 일 과감하게 포기할 줄 아는 용기가 필요하다는 말이다.
포기가 실패는 아니지 않는가!
가수 되기를 포기하고
프로축구선수 되기를 포기하는 것이 현명함일 수 있는 것처럼
공부에 흥미 없고 재주가 없다면
영어 수학에 욕심 부리지 않음도 현명함이 될 수 있다.
오해하지 말라. 공부하지 말라는 말은 절대 아니니까.
1등급을 위해서, 소위 명문대 입학을 위해서
아등바등 억지 부리지 말자는 이야기일 뿐이니까.
노래 못한다고 기죽거나 괴로워하지 않는 것처럼
영어 수학 못한다고 기죽거나 슬퍼하지 않아도 된다는 말이니까.
하기 싫은 과목, 해도 안 되는 과목까지
싸움질하듯 공부할 필요가 없다는 이야기이니까.
하기 싫은 과목 공부 억지로 하다 하다가 결국 포기하고
다른 과목 공부까지 포기하는 모습이 안타깝고

절망에 빠져 괴로워하는 아이들이 안쓰럽기에 하는 말이니까.
그저 열심히만 하면 누구라도 공부 잘 할 수 있다는
환상의 늪에서 헤매는 부모님들을 위해서 하는 말이고
공부 때문에 괴로운 학생들의 현재와 미래를 위해 하는 말이며
책상 앞에서 멍 때리는 아이들이 불쌍해서 하는 말이니까.
노력만으로 프로축구선수 될 수 없는 것처럼
열심히 한다고 누구나 연예인 할 수 없는 것처럼
공부 역시 노력한다 해서 아무나 잘할 수 있는 것은 아니다.
공부도 재주인 것 분명하다.

중학교 공부와 고등학교 공부는 상관관계가 크지만
고등학교 공부와 대학공부의 상관관계는 크지 않고
대학공부와 사회생활 능력의 상관관계는 극히 미미하다.
국어 영어 수학 못할지라도
대학공부나 사회생활에는 전혀 지장이 없다.
하기 싫은 공부, 해도 안 되는 공부
굳이 잘하려 아등바등 하지 않아도 괜찮은 것이다.

악기 연주 못해도 행복할 수 있는 것처럼,
운동 못해도 건강에 이상 없는 것처럼,
그림 못 그려도 생활에 지장 없는 것처럼
국어 영어 수학 과학 못해도
생활에 지장 없고 행복할 수 있다는 사실, 인정해주면 좋겠다.

수학 못해도 할 수 있는 일 많다는 말에
영어 못해도 생활에 불편 없다는 말에
국영수 못해도 회사 일 해내는데 지장 없다는 말에
고개 끄덕여주면 참 좋겠다.
그리고 음악 미술 체육이 재주인 것 인정하는 것처럼
영어 수학 공부도 재주라는 사실 인정해주면 참 좋겠다.

소의 꼬리보다 닭의 머리

"명문대를 졸업해야만
행복한 삶, 남에게 뒤처지지 않는 삶이 가능합니다.
그렇기 때문에 너나없이
대학입시에 목숨을 걸다시피 하는 것이지요.
명문대 입학을 위하여
모든 것을 바치는 학생과 학부모들에게
누가 감히 돌을 던질 수 있겠습니까?"

많은 이들이 이렇게 말하고
상당 수의 사람은 이 말에 고개를 끄덕이며
나 역시 한 때 이 말을 진리라고 여겼었다.
하지만 이제는 이 말에 동의할 수 없다.
명문대에 입학하였지만
손가락질 받으며 불행하게 사는 이들을 적잖게 만났기 때문이고
명문 대학은커녕 중학교조차 다니지 못하였음에도
멋지고 행복하게 사는 사람들도 많이 보았기 때문이다.

<u>그렇다. 억지 공부로, 보장되지 않는 미래를 담보로</u>
<u>오늘의 행복을 내팽개치는 것은 어리석음 중의 어리석음이다.</u>

공부 잘하는 것이 행복을 만드는 일이라고 누가 말하는가?
주변을 반 바퀴만 둘러보아도 사실이 아님이 분명한데
사람들은 왜 이 말을 진실로 받아들여 불행의 길로 나아갈까?
봉건시대도 아니고 21세기에
무슨 근거로 이런 황당한 거짓을 말하는가? 그리고 왜
이런 분명한 거짓에 고개를 끄덕이며 부화뇌동하는가?
생각해보지도 않고, 엉터리 의견에 맞장구치면서
힘들고 괴로운 삶을 살아가고 있는가?
왜 자기 생각 없이 남의 생각에 고개 끄덕이는가?
왜 자기 생각을 죽이고 남의 생각만 따라 나서는가?
왜 가짜 뉴스에 속아 넘어가는 것일까?
세상에는 가짜 뉴스가 참으로 많다.
주요 신문 방송의 뉴스나 정보에도 가짜 뉴스가 있고
입에서 입으로 전해지는 정보에는 더더욱 많다.
세상에 떠돌아다니는 말을 무조건 믿지 말고
깊이 생각하여 자신이 스스로 판단해야 할 이유이다.
공자께서
중호지필찰언(衆好之必察焉) 중오지필찰언(衆惡之必察焉)이라고
이야기한 이유가,
많은 사람이 좋아하더라도 반드시 살펴야 하고

많은 사람이 싫어하더라도 반드시 살펴야 한다고 말씀하신 이유가
여기에 있을 것이다.
그렇다. 생각 없이 대중에 휩쓸리는 것을 경계해야 한다.
부화뇌동(附和雷同)하지 않음이 현명함이다.

서울대생 절반 정도가 우울 증세를 보인다 하고
47퍼센트가 우울증 진단을 받았고 2퍼센트는 심각하다고 한다.
51퍼센트의 학생이 심리상담을 받고 싶다는 생각을 한 적 있다고 한다.
과열된 학점 경쟁으로 스트레스가 심각하다고 한다.
부족함 하나 없을 것 같은 서울대학교 학생인데
너무 슬픈 이야기가 아닌가?
서울대 입학을 위해 중고등 시절에 엄청 힘들었을 터이고
1, 2등을 지켜내기 위해 오랜 시간 아등바등했을 것이 분명한데 말이다.

삶의 목표를 자유 평화 행복이 아닌 명문대 입학에 두는 것이
어리석음이라는 사실을 깨닫지 못하고
남들 생각대로 명문대 입학을 삶의 목표로 삼아버린다.
옳은 것과 옳지 않은 것을 구분할 생각조차 하지 않고
좌도 우도 보지 않고 앞도 뒤도 살피지 아니하고
다른 사람과 생각을 다르게 하면 큰일 날 것처럼 생각하면서.
더 안타까운 것은
자신의 명문대 입학을 위한 시간과 에너지를 바친 것으로 끝내지 않고
자녀의 명문대 입학을 위해 다시 안타까운 경주를 한다는 점이다.

명문대 입학을 위한 사명을 가지고 태어난 사람이거나 한 것처럼,

인생의 목표가 명문대 입학이거나 한 것처럼.

왜일까?

명문대가 행복을 만들어주지 못하는 것이 분명한 사실임에도

명문대가 행복을 만들어 줄 것이라 왜 착각하는가?

명문대 아니어도 행복이 가능하다는 사실,

명문대는커녕 대학에 입학하지 않아도 행복할 수 있다는 사실을

사람들은 도대체 왜 알지 못하는가?

눈도 있고 귀도 있고 머리도 있는데, 거기에다가

배울 만큼 배웠는데도 말이다.

성공이 곧 행복인 것도 아니지만

명문대 입학이 성공의 발판인 것은 더더욱 아니다.

고급공무원들, 국회의원들, 의료인들, 법조인들, 교수들, 대기업 임원들

명문대에 입학하였기 때문에 가능했다는 생각은 착각이다.

자질을 가지고 태어났기 때문이고 노력하였기 때문이다.

명문대가 능력을 키워준 것 아니라

공부능력, 인내심, 리더십, 판단력, 추진력 등이 키워준 것이고

강한 정신력의 DNA가 키워준 것이다.

지방대에서 공부하였을지라도, 아니 대학을 다니지 않았을지라도

그 자리에 올랐을 가능성이 크다는 말이다.

서울대에 다니면서 5급 고시에 합격했다면

서울대에 입학했기 때문이 아니라

서울대에 입학할 능력을 가지고 노력하였기 때문이라고 말해야 옳다.

지방대에서 공부했어도, 아니 대학을 다니지 않았을지라도
그 재주 가지고 태어났고 그 노력을 하였다면
5급 고시에 합격했을 것이라고 말해야 옳다.
차범근 씨가 고려대 갔기 때문에 축구를 잘했던 것 아니라
축구 잘했기 때문에 고려대 갔고 성공했다고 말해야 하는 것처럼.

그래도 이왕이면 명문대가 좋지 않겠느냐고,
환경이 인간을 한 단계 성숙시켜주는 것 아니냐는 반론도 있을 수 있다.
인정한다. 어찌 좋지 않겠는가?
어찌 좀 더 성숙시켜주지 않겠는가? 하지만
명문대 출신이라고 무조건 성공하는 것이 아니라는 사실과
지방대 출신이나 고졸은 성공할 수 없는 것이 아니라는 사실을
분명히 알아야 한다.
특목고 자사고 다녔다고 모두 명문대 가는 것이 아닌 것처럼
일반고 다녔다고 모두 명문대 가지 못하는 것이 아닌 것처럼.

소의 꼬리보다 닭의 머리가 낫다는 사실 알아야 한다.
명문대에 가서도 상위권에 진입할 수 있다면
명문대에 가는 것이 나을 수도 있지만 그렇지 못하다면
일반대에 가서 상위권에 드는 것이 낫지 않을까?
인간은 칭찬과 관심과 격려에 힘입어 성장한다.
명문대에 입학하기는 하였는데, 상위권에 들지 못하여
관심 받지 못하여 의욕 상실로 이어질 수 있음까지
생각할 수 있어야 현명함 아닌가?

자사고 특목고에 간 학생들 중 최소 30퍼센트, 많게는 50퍼센트가
일반고에 진학하지 않았음을 후회할 것 같은데…….

명문대 의대에서 공부해야 훌륭한 의사가 되는 것은 아니고
명문대 법학전문대학원을 졸업해야 훌륭한 법조인 되는 것 아니며
명문대 경영학과 졸업해야 훌륭한 경영인 되는 것도 아니다.
존경받는 의사 중에 명문대 의대를 졸업하지 않는 분도 많고
훌륭한 법조인 중에 SKY 법대를 나오지 않은 분도 많으며
부러움의 대상이 되고 존경받는 사람 중에
명문대 안 나온 사람이 훨씬 더 많다.
대한민국을 감싸고 있는 학벌 중시의 못난 생각들은
생각 없이 따라하는 습관에서 왔고
엉터리 소문을 진실로 믿어버리는 어리석음에서 왔으며
바보 같은 욕심에서 왔다.

"명문대 나온 교사이기에 역시 훌륭하고 존경할 만 해."
라는 이야기 들어본 적 없고
"지방대 나온 선생님이기에 역시 부족해."
라는 이야기 역시 들어보지 못하였다.
좋은 교사와 명문대와는 아무런 관계가 없음은 분명한 사실이다.
명문대 졸업하면 교사 임용이 쉽다고 생각할지 모르지만
이 역시 잘못된 판단이다.
공립학교 임용고시 합격률, 명문대가 높긴 하지만
유의미한 차이로 높은 것 결코 아니고, 그 차이 역시

2장 공부, 잘해야만 하는 것 아닌데

명문대여서가 아니라 원래 개개인이 가진 공부 능력과 노력 때문이다.

명문대보다 더 커다란 슬픔을 주는 것은 '인(in)서울'이다.

언제부터인가 학생도 학부모도 '인서울'을 외치고 있는데

국가적인 문제이기도 하고 가정의 문제이기도 하다.

명문대를 고집하는 것도 잘못인데 명문대도 아닌

서울에 있는 대학, 그것도 모자라 경기도에 있는 대학,

도대체 서울이 인간의 능력을 향상시키는데

어떤 도움을 어떻게 준다는 것인지?

이해되지 않음을 넘어 답답하고 울화통까지 터진다.

왜 사람들은 가짜뉴스에 속아 넘어가고

가짜뉴스의 희생양이 되지 못해 안달하는 것일까?

시도별 수능 성적
수리 가·나, 외국어 평균 점수 합계

순위	지역	점수
1위	제주	419.3
2위	광주	412.3
3위	대구	409.0
4위	부산	403.5
5위	서울	400.6
6위	울산	399.4
7위	전북	395.4
8위	충북	394.8
9위	경기	394.6
10위	강원	393.6

2013 한국교육과정평가원

대학수학능력시험 평균 점수가 가장 높은 지역은 어느 곳일까? 대부분의 사람들은 거침없이 서울을 이야기하지만 너무 쉬운 문제 아니냐고, 질문답지 않은 질문이라 비웃겠지만 서울이 아니다.

17개 시·도 중에서 서울은 오히려 5, 6등이다. 믿지 못하겠거든 지금 당장 인터넷 검색으로 '시도별 수능 평균 점수'를 입력하면 확인할 수 있다. 어느 지역이 1등이냐고? 제주도다. 제주도가 전 과목에서 해마다 1등인 이유는 자기주도학습을 많이 하였기 때문이고,

사교육에 자기 공부 시간을 빼앗기지 않았기 때문이다.

간곡하게 부탁하고 싶다.

'서울에는 뭔가가 있다'

'서울에서 공부하면 엄청 좋은 결과를 낼 수 있다'

'서울엔 정보가 많아 뭔가 많이 얻어낼 수 있다'는 생각을

미련 없이 버려주시라고.

2018수능 시도별 표준점수 평균

시도	국어		수학(가)		수학(나)	
	평균	표준편차	평균	표준편차	평균	표준편차
서울	100.4	20.4	102.6	18.6	100.2	20.6
부산	98.4	19.1	100.9	18.5	99.6	19
대구	101	18.3	101.6	17.7	101.6	18.6
인천	95.7	19.4	95.6	19.8	98.2	18.8
광주	99.6	18.8	101.6	17.8	100.7	19
대전	98	19.6	98.5	19.4	97.2	19.2
울산	96.3	19.3	100.6	19	99.8	18.2
경기	97	20.4	98.6	19.9	98.1	19.7
강원	94.7	19.6	92.6	20.4	96.6	18.4
충북	97.7	18.9	93.4	20.6	99.5	18.2
충남	96	20.2	91.3	22.4	98.1	18.4
전북	97.8	19.3	93.3	20.7	98	18.9
전남	94.8	19.6	89.5	21.5	96.9	18.3
경북	96.7	19.9	93.8	21.5	98.4	18.7
경남	95.2	20	93.6	21.4	98.3	18.7
제주	102.3	18.3	105.9	15.5	104.9	18.8
세종	96.7	20.5	90.1	22.1	98	19.5
전국	97.8	19.9	98	20.1	98.9	19.4

2018 한국교육과정평가원

서울엔 특별한 뭔가가 있으리라는 환상을 버려야 한다. 서울이 실력을 향상시켜주지 못하고, 서울이 사람을 성숙하게 만들어주지 못하며, 서울이 행복을 가져다주지 못한다는 사실 알아야 한다. 서울에 있는 대학 나와야 취업이 잘 되고 승진도 잘 된다고 믿는

사람이 많은데, 말하는 사람도 믿는 사람도 어리석기 때문이다.

공부는 학생이 하는 것이고 책으로 하는 것이지

교수님 실력으로 하는 것 아니다.

실력은 스스로 탐구하고 노력함으로 키워가는 것이지 선생님이 키워줄 수

있는 것 결코 아니다. 명문대이어야 할 이유, 서울이어야 할 이유

정말로, 진짜로, 없다.

대학 입학 전까지는 노는 시간 필요해

마라톤은 5킬로미터에서의 기록과 순위보다
결승선인 42.195킬로미터에서의 기록과 순위가 중요하다.
우리 삶에서도 중 · 고등학생 때의 성적보다
대학 성적, 직장에서의 업무 능력과 성실함이 중요하다.
그럼에도 불구하고 대다수 사람은
중 · 고등학교 성적만 중요하게 생각한다.
대학에서 얼마만큼 실력을 쌓을 수 있느냐
직장에서 일할 능력을 얼마만큼 가지고 있느냐를 따지지 않고
중 · 고등학생 때 공부를 얼마만큼 잘하였느냐,
어느 대학을 나왔느냐만을 중요하게 생각한다.
또, 중 · 고등학생 때 억지 공부 때문에 공부에 염증을 느껴
대학에서의 공부를 망칠 가능성은 생각하지 못하고
중 · 고등학교, 심지어 초등학교 때부터 공부를 지나치게 강요한다.
큰 어리석음인 줄 모른다.
중 · 고등학교 시절에는 운동하고 독서하고 토론하면서
여유를 갖고 공부해야 한다.
중 · 고등학교 공부는 기초 지식을 쌓는 것으로 충분하고

대학 공부하는데 지장 없을 만큼으로 충분하다.

공부가 재미있고, 하고 싶어서 한다면 이야기는 다르겠지만.

중ㆍ고등학교 때 죽기살기로 공부하라 강요하는 것은 범죄다.

공부하기 위해서 태어난 존재가 아니기 때문이기도 하지만

진짜 공부는 대학에 가서 할 수 있어야 하기 때문이다.

오해 없기 바란다. 무조건 놀라는 말은 아니니까.

하루 8시간 공부는 선택 아닌 의무이지만

대학입시가 중요하다는 이유, 명문대 가야한다는 이유로

독서나 운동 등을 포기한 채, 하루 15~16시간씩,

주말도 방학도 반납한 채

공부에만 에너지 쏟는 것이 잘못이라는 이야기이니까.

친구들과 어울려 즐겁게 놀고, 현재를 즐겨야 한다.

책 많이 읽고, 운동 많이 하고, 체험활동 봉사활동 하고

여행 다니고, 이 사람 저 사람과 만나 대화 많이 나누면서

어떻게 사는 것이 아름다운 삶이 될 것인가에 대해서

생각하고 고민할 수 있어야 한다.

대학입시를 위한 준비가 아닌

건강한 시민이 되기 위한 준비이어야 하고

영어 수학 중심이 아닌

문학 철학 종교 과학 기술 역사 심리학 사회 음악 미술 등

삶의 질을 높이는 공부여야 한다.

수준 높은 공부는 대학 진학 후에 해도 결코 늦지 않다.

공부 시킨다는 말, 하지 않았으면 좋겠다.

시킬 수 있는 것이 아니기 때문이기도 하고

시킨다고 되는 것이 아니기 때문이기도 하지만

사람은 저마다 각기 다른 소질과 능력이 있는데

공부에 소질과 능력이 없는 아이에게까지

억지로 공부시키는 것은 인격을 무시하는 잘못이기 때문이다.

학교와 학원과 독서실을 오가면서 공부만 하는 아이들

책상 앞에 14시간 이상 앉아있는 아이들

이런 현실이 안타까워서,

자녀들을 이런 환경에서 살게 하고 싶지 않아서

이민을 계획하겠노라고 이야기하는 사람도 있다.

그런데 그렇게 말하면서도

자신의 자녀는 이 학원 저 학원으로 뺑뺑이 돌린다.

이 얼마나 모순인가?

그리고 겸연쩍어 하지도 않고 이렇게 말한다.

"남들이 안 시키면 저도 안 시키겠어요."

"남들 다 시키는데 저만 시키지 않을 수 없잖아요."

말이 되는가? 부끄럽지 않은가? 이 말은

"남들이 도둑질하니까 저도 도둑질했어요.

남들 도둑질 하지 않았다면 저도 하지 않았을 거예요."

라는 말과 무엇이 다른가?

소신과 철학을 가지고 아이들 사교육시키지 않고

자유롭고 행복하게 아이를 교육하는

부모들이 있다는 사실은
왜 애써 외면하는가?
왜 자신의 소신 없음은 인정하지 않고 환경 탓만 하는가?

공부는 학생이 해야 하는 것이라는 사실
배운다고 알 수 있는 것 아니라 익혀야 알 수 있게 된다는 사실
스스로 하는 공부가 진짜 공부라는 사실,
자기주도학습이 가장 효율적인 공부라는 사실
반복 없이는 절대 실력을 쌓을 수 없다는 사실
반복하기 위해서는 시간이 필요하다는 사실
사교육은 익힐 시간을 빼앗는다는 사실
결국 사교육은 공부에 독이 된다는 사실
이렇게 중요하고도 중요한 사실을
왜 모르는가?
왜 귀담아 듣지 않고
왜 생각하지 못하는가?

놀게 해야 한다.
잘 놀 수 있도록 도와주어야 한다.
아이들은 놀 권리를 지닌 존재이기 때문이지만 보다 중요한 것은
대학에서 공부할 에너지를 쌓아놓아야 하기 때문이고
직장에서 즐겁게 일할 힘을 비축해놓아야 하기 때문이다.
초 · 중 · 고등학생 때 공부하라 강요하고
대학생 되어서도 공부하라 이야기하는 것은

　　　　　　　　　　　　　　2장 공부, 잘해야만 하는 것 아닌데

염치없고 미안한 행동이기 때문이기도 하다.

음식을 충분하게 먹어야 하는 것처럼, 잠을 충분히 자야 하는 것처럼

어렸을 때는 충분히 놀아야 한다.

어른 되면 공부해야 하고 일해야 하니까.

어렸을 때라도 많이많이 놀도록 하여야 한다.

노는 일은 시간 낭비가 아닌 성숙의 자양분이기 때문이고

공부 에너지를 만들어 내는 중요한 역할을 하기 때문이다.

어른에게도 놀이와 쉼이 중요한데

아이들에게는 말해 무엇 하겠는가?

'놀이는 우리 뇌가 가장 좋아하는 배움의 방식이다'라는 말

'노는 방법을 아는 것은 행복한 재능이다'라는 말

음미하고 또 음미할 수 있어야 한다.

중·고등학교 시절에 여유를 갖고 놀아야 하는 또 하나의 이유는

인간 이해 능력은 노는 과정에서 길러지기 때문이기도 하다.

고등학교 때까지는 기초 지식만 공부하고

대학에 가서 본격적으로 공부해야 하는 이유는

학습의 효율성 때문이기도 하다.

공부 역시 세상의 이치를 배우는 일이기 때문에

어른들은 쉽고 빠르게 이해할 수 있는 내용도

중·고등학생 때는 쉽게 이해하지 못하는 경우가 많다.

중학교 때는 10시간 낑낑대도 알아내기 힘든 내용을

대학생이 되면 1시간에 알아낼 수 있다면

중고생 때는 놀고 대학생 되어 공부해야 옳은 것 아닌가?

10킬로미터 지점, 20킬로미터 지점에서의 순위가 중요한 게 아니라
결승선인 42.195킬로미터에서의 순위가 중요한 것처럼
대학입시를 위한 중·고등학생 때의 공부보다
사회생활을 위한 대학에서의 공부가 더 중요하고
대학 졸업 이후의 공부가 더 중요한 것 아닌가?

대학 간판, 생각만큼 중요하지 않다.
어느 별나라에서 왔냐고 할 수 있지만 분명한 사실이다.
공무원 공채 시험에 학력 학벌 요구하지 않고
의사 변호사 되는데 대학 간판 영향 미치지 않는다.
취업준비생들이 가장 가고 싶은 직장인 각종 공기업 역시
명문대 졸업증명서를 요구하지 않는다.
대기업? 이건 잘 모르겠지만
과거에도 실력 있으면 다 입사가 가능했고
미래에는 블라인드 면접을 실시하는 회사가 더 많아질 것이기에
실력이 학벌을 뛰어넘게 될 것은 명약관화(明若觀火)한 사실이다.
아무개는 중·고등학교 때 공부 잘해서 명문대 들어갔고
그래서 어느 회사에 들어갈 수 있었다는 이야기를 한다.
'고등학교 때 공부 잘해서 명문대 들어갔고'는 옳은 말이지만
'명문대 다녔기에 좋은 회사 들어갔다'는 말은 결코 옳지 않다.
명문대 아닌 지방 대학에서 공부했을지라도
'좋은 회사'에 들어가는 경우가 적지 않기 때문이다.
대기업에 명문대 출신은 많고 지방대 출신은 적은 게 사실 아니냐고?
그렇다. 사실이다. 그런데 고등학교 실력으로만 뽑는다면

98퍼센트 명문대 출신이어야 하는 것 아닌가?

또, 지역할당제 덕분에 지방대 졸업생이 '인서울' 졸업생보다
유리하게 되었다는 사실도 이야기해야 할 것 같다.

"그래도 고등학교 때 공부가 가장 중요하잖아요,
 인생이 결정되는 시기이니까요.
 3년 고생하면 40년을 편하게 살 수 있는데 어떻게
 자식이 공부 안하는 것을 보고만 있을 수 있어요?"
라고 말하는 학부모님들에게

"고등학교 실력이 인생을 결정짓는다는 사람이 많은데
 명문대 졸업하고도 초라하고 부끄럽게 사는 사람 많고,
 지방대 졸업하고도 성공한 사람 여기저기 많습니다.
 대학 간판이 삶을 결정짓는다는 말은
 세상을 몰라도 한참 모르는 이야기고
 누군가 만들어낸 가짜 뉴스입니다.
 명문대 졸업생들이 성공할 확률 높은 것은 사실이지만
 고등학교 졸업 이후에 노력하여도 충분히 가능합니다.
명문대 입학이 중요한 것 아니라
대학 입학 이후에 노력하는 것이 훨씬 더 중요합니다."
라고 이야기해주고 싶다.

아이들은 예쁘다. 이런 예쁜 아이들을 하루 종일,
억지로 책상 앞에 앉혀두려 하는 것은 죄악이다.
책상 앞에 앉아있을 뿐 공부하지 않는 아이들을 보면
옛날엔 밉고 안타까웠는데 요즘은 미안하고 안쓰럽다.

어른들의 잘못이라 생각하기 때문이다.

책상 앞에 있는 시간은 많지만 실력은 초라한 아이들

공부에 흥미도 없고 의욕도 없는 아이들

실력도 쌓지 못하면서 고생만 하는 아이들

아예 책을 쳐다보기 싫은 아이들

수업시간에 졸거나 자는 아이들

공부가 아닌 출석을 위해서 책상 앞에 앉아있는 아이들

남들이 다니니까, 또 부모님이 가라 하니까

공부하겠다는 생각도 없이 학원으로 향하는 아이들

아침부터 엎드려 자면서도 교실을 떠나지 못하는 아이들

수업시간에 계속해서 시계만 쳐다보는 아이들

이런 아이들의 아픔을 헤아릴 줄 알아야 한다.

공부공화국이다. 동서남북 24시간이 몽땅 공부인 나라이다.

꿈속에서까지도 오직 공부 공부, 또 공부다.

요람(搖籃)에서 환갑까지 오직 공부뿐인 대한민국이다.

정말로 공부만이 최선의 방법인지에 대한 고민이 있어야 한다.

모든 아이들이 다 공부 잘해야만 하는지에 대한 고민도 필요하다.

행복하게 살고 있는 사람들 보면서 이런 생각 해 보았다.

중 · 고등학생 시절에 공부 잘하였을까?

명문대 입학하였을까?

영어 조기교육

초등학교 1, 2학년 학교 방과후 영어수업 실시가 어렵게 되자
학부모들이 부랴부랴 사교육 시장을 알아보느라 분주하고
또 사교육비를 걱정한다는 뉴스를 보았다.
영어 조기교육, 왜 하지 못해 안달인가?
정말 필요한가?
하지 않아야 옳다고 생각하는데, 해서는 안 된다고 생각하는데.

영어가 중요한 공부라는 사실은 인정하지만
영어 조기교육은 절대 필요하지 않다는 결론을 먼저 밝힌다.
영어 조기교육에 절대 동의할 수 없는 이유는
얻는 것보다 잃는 것이 훨씬 많기 때문이다.
얻을 것만 생각하고 잃게 되는 것을 생각하지 못하는 것은
인간들이 저지르기 쉬운 가장 흔한 어리석음이다.
영어 조기교육은,
천원 싸게 살 수 있다는 이유로 2천원이라는 버스 요금과
2시간이라는 소중한 시간을 소비해버리는 어리석음이다.
모든 선수가 공격에 나서서 3골을 넣긴 하였지만

30골을 허용하여 패배해버린 것과 같은 어리석음이다.

영어 조금 일찍 배우겠다고 놀지 못하고 쉬지 못하고 스트레스 받고,

돈 낭비하고, 사고력 창의력 추리상상력을 기르지 못하고

감정싸움 벌이고, 책 읽지 못하고, 가족사랑 나누지 못하는 것은

소탐대실(小貪大失) 그 자체다.

세상에는 가짜 뉴스가 많은데

외국어 공부는 빠를수록 좋다는 말 역시 확실한 가짜 뉴스다.

현재 5, 60대의 영문학자들 외교관들 영어선생님들 대부분

중학생이 되어 알파벳 배우기 시작하였음을 통해서도 확인할 수 있고

손흥민 정현 박지성 박찬호 선수 등이

운동 실력 쌓은 다음, 해외에 진출하여 영어 배웠겠지만

영어 인터뷰 유창하게 잘한다는 사실을 통해서도 확인할 수 있다.

다른 공부나 기술도 마찬가지이지만 공부 역시

세상 이치를 알고 필요성을 느낀 다음에 배워야 효율이 높다.

이해력 갖추어지고 필요성 느꼈을 때에

쉽고 빠르고 즐겁게 배울 수 있게 된다는 말이다.

영어 잘해서 나쁠 리 없다는 것 분명하다.

문제는, 영어 공부에 시간과 에너지를 빼앗겨서

정작 필요한 해야 할 일을 하지 못한다는 점,

잃지 말아야 할 것을 잃게 된다는 점,

놀지 못하고, 독서하지 못하고, 가족과 행복 나누지 못한다는 점이다.

영어만 잘해서는 하고 싶은 일을 할 수 없다는 사실도

반드시 알아야 한다.

어떤 분야에서든 영어 실력 부족할지라도

자신이 일하는 분야에서 최고의 실력 갖추면 박수 받을 수 있지만

영어 실력만으로 박수 받는 경우는 드물다는 사실까지 알아야 한다.

영어 조기교육을 반대하는 또 하나의 이유는 사고력 저하다.

영어 단어를 암기하고 문법을 이해하기 위해서는

적지 않은 시간 투자가 필요한데, 그러다 보면

독서 못하게 되고, 혼자서 생각하는 시간 가질 수 없게 되며,

친구 선배 부모들과 대화하는 시간도 가질 수 없게 되어

사고력 향상시킬 기회를 얻지 못하게 된다.

시간은 무한 자원 아닌 한정된 자원이기에

영어공부에만 시간 쏟아붓는 것은

하나를 얻기 위해 열을 버리는 소탐대실이다.

얻는 것만 보지 말고 잃는 것도 볼 수 있어야 현명하다 할 수 있다.

옛 어른들은 문리(文理)가 터져야 공부 잘할 수 있다고 하였다.

문리는 글의 뜻이나 사물의 이치를 깨달아 아는 힘이다.

문리(文理)의 터짐은 나이에 비례한다.

초등학생의 영어 공부를 손으로 땅파기라 하면

중학생 때의 공부는 삽으로 땅파기고

대학생 때의 공부는 굴삭기로 땅파기라 할 수 있다.

대학 입학 후에 배우기 시작한 독일어 중국어를

2, 3년 만에 잘 구사하는 독일어과 중국어과의 학생을 보거나

한국에 온 지 2, 3년인데 한국말을 유창하게 하는 외국인을 보면
확인할 수 있지 아니한가?
스페인 여행 중 만나 가이드는
스페인어 실력 쌓은 후 스페인에 와서 여행가이드 한 것 아니라,
26살 때에 스페인어 한 마디도 못한 상태로 스페인에 와서
스페인어 3, 4개월 배우고 여행가이드 하기 시작하였노라 하였다.
필요가 발명의 어머니인 것처럼 필요가 공부의 어머니이다.

우리말도 제대로 못하는 아이들이
영어를 배운답시고 책상 앞에 앉아있다.
얼마나 고통스럽고 얼마나 공부가 밉겠는가?
부모는 부모대로 사교육비 때문에 또 얼마나 괴로운가?
또, 전국 학원에 있는 원어민에게 지급되는 돈은
국가 경제에 얼마나 큰 부담인가?
하지 않아도 되는 일 아니, 해서는 안 되는 일,
이익보다 손해가 훨씬 큰일을 하느라 힘들어하는 아이들, 학부모들이
많이 안쓰럽다.
남들이 장에 간다고 지게 지고 따라가지 말아야 하고
모두가 '예'라고 할지라도, 아니라고 생각되면 과감하게
'아니오'를 외칠 수 있어야 한다.
영어 조기교육,
알고 보면 참으로 소가 웃을 일이다.

비록 수학을 못해도

수학을 놀이만큼 좋아하는 학생도 있지만
상당 수 학생들은 수학 때문에 삶이 힘들다고 이야기한다.
공부를 재미없는 일로 만들고
자신들을 무기력하게 만드는 주범이 수학이라고 말하기도 한다.
100분이 주어진 고3 모의고사 수학시간.
30퍼센트 학생은 20분 지나면 엎드리고
50퍼센트 학생은 45분도 지나지 않아 엎드려버린다.
그리고 60분 정도 지나면 70퍼센트 이상의 학생이 펜을 놓아버린다.
자기 공부 시간의 7, 80퍼센트를 할애하는 과목이 수학이고
사교육비 지출이 가장 많은 과목이 수학임에도
결국 수학 앞에 무릎을 꿇고 만다.
진즉부터 대한민국은 수학공화국이 되어버렸다.

묻고 싶다.
대한민국 학생들 모두가 고난도 수학을 공부해야하는지?
수학을 잘해야만 사회가 발전하고 삶이 풍요로워지는지?
대학에 가야 하니까 어쩔 수 없다고 이야기하지 말자.

수학 못해도 대학 가는데 문제없고

대학 공부에도 지장 없는 전공학과가 훨씬 많으며

수학 못해도 사회생활 잘할 수 있는 것이 사실이니까.

명문대에 가야 하니까 어쩔 수 없다는 말도 하지 말자.

명문대 아니어도 멋지고 행복하게 살 수 있는 세상이고

멋지고 행복하게 사는 것이 수학 잘했기 때문 아니니까.

중·고등학생이 선호하는 직업 중 하나는 교사다.

교직을 그만두고 다른 직업 찾아가는 선생님 거의 없는 것으로도

교사는 괜찮은 직업인 것이 분명하다. 그런데

대부분의 사람이 알지 못하는 것이 있으니

교원임용시험에 영어 수학이 필요 없다는 사실이다.

영어선생님이 되고자 하는 사람 아니면 영어 실력 필요 없고

수학선생님이 되고자 하는 사람 아니면 수학 실력 필요 없다.

국어교사 되고 싶다면서 영어 수학 공부에 매진하고

사회 교사가 꿈이라면서 영어 수학 공부에 목매는 것은

훌륭한 가수 되겠다면서 축구 연습 열심히 하는 것과 같이

남의 다리 긁는 일일 뿐이다.

명문대를 가야 하니까 영어 수학을 공부하는 것이라고?

거듭 묻는다. 교사 되겠다면서 왜 명문대를 고집하는가?

명문대 졸업이 교사 임용에 조금도 도움 되지 못하고

좋은 교사되는 것과도 전혀 관계가 없다는 사실을 정말 모르는가?

교원임용시험에 수학은 필요 없지만

사범대나 교육대에 진학해야 하고 그때 수학 실력 중요하다고?

수학 못하고는 사범대나 교육대에 갈 수 없다고?

교육대는 인정한다. 그러나 사범대는 아니다.

교육대는 수학 못하면 입학 쉽지 않은 것이 사실이지만,

수학 6등급 7등급일지라도 다른 과목 성적이 우수하다면

입학 가능한 사범대 적지 않고

대학에서 열심히 공부하면 훌륭한 교사 될 수 있으며

아이들과 호흡하면서 큰 행복을 만들어 갈 수 있다.

수학에 쏟는 에너지와 시간을

다른 공부에 쏟는 것도 지혜라고 말해주고 싶다.

수학 못해도 행복할 수 있다는 사실

텔레비전은 날마다 보여주고 있지 않은가?

그런데 그런데 사람들은 왜?

"선생님! 수학은 과학기술 발전에 절대 필요한 학문이고

 사고력, 논리력, 추리상상력을 키워주는 중요한 역할까지 한다잖아요.

 대학 가기 위해서가 아니라

 공무원이나 교사 되기 위해서가 아니라

 훌륭한 과학자 공학자가 되기 위해서,

 또, 사고력, 추리상상력, 논리력을 기르기 위해서도

 수학 공부 열심히 해야 하는 것 아닌가요?"

라는 반론이 귀에 쏟아질 것 같다.

맞다. 인정한다.

그런데 꼭 고등학교에서일 필요가 있는가?

대학에 가서 수학 공부하면 안 될 이유 있는가?
대학에서 필요한 수학, 대학에 가서 해도 늦지 않은 것 아닌가?
그리고 사고력 추리상상력 논리력은 수학으로 기를 수도 있지만
문학 철학 역사학 심리학 논리학 등을 통해 기르는 것이
보다 효율적이고 바람직한 것 아닌가?

수학을 공부하지 말자는 이야기가 아니라
중 · 고등학교 수학 수준을 낮추어서
즐거운 마음으로 수학을 공부했으면 좋겠다는 이야기이고
수학에 너무 많은 시간과 에너지를 투자하지 말자는 이야기이며
고난도 수학은 대학 가서 하자는 이야기이다.
정말이다.
수학 때문에 수학보다 더 중요한 것을 놓쳐서는 안 된다.
공부 자체를 싫어하도록 만들지 말아야 한다.

학과 공부가 교육의 전부이어서는 안 되는데 진즉부터
학과 공부가 교육의 전부가 되어버렸고,
영어 수학이 학과 공부의 전부가 아니어야 함에도 진즉부터
영어 수학이, 특히 고등학생에게는 수학이
공부의 거의 전부가 되어버렸다.
분명히 알아야 한다.
수학이 대학입시를 결정한다는 이야기는 가짜 뉴스임을.
수학이 대학입시를 결정하는 것은
상위권 학생에게만 해당된다는 사실을.

수학 5, 6등급이어도 다른 과목의 성적이 좋으면

의학계열을 제외한 원하는 학과에 합격할 수 있다는 사실을.

국어 3, 영어 3, 수학 3, 탐구 3등급 받는 것보다

국어 2, 영어 2, 수학 5, 탐구 2등급 받는 것이 낫다는 사실을.

수학 때문에 더 중요한 것 놓치는 현실이 안타까워서 하는 말이다.

독서할 시간과 여유 가지지 못하고

국어 사회 과학 등을 공부할 시간조차 갖지 못하며,

음악 미술 체육을 즐기지 못하는 아이들이 안쓰럽고 불쌍하다.

아이들을 무기력하게 만들지 말아야 하고,

고통에 빠뜨리지 말아야 하며,

놀면서 행복할 수 있는 기회를 주는 것이 어른들의 책무다.

입시 위주의 교육이 문제의 핵심이지만

수학이 대학입시를 좌우한다는 잘못된 믿음도 문제다.

영어 수학에만 시간과 에너지를 쏟고 있는 현실이 안타깝다.

신체적 정신적 성숙이 빠른 시기,

배우고 익히고 키워야 할 것이 많은 시기에

영어 수학에 갇혀 꼼짝 못하는 현실이 가슴 아프다.

어떻게 살아야 할 것인지를 고민하고

인간은 어떤 존재인가에 대해 토론하며

문학 철학 사회 과학 음악 미술 등에 대해서 탐구하고

건강하고 행복하게 사는 방법 등 삶의 지혜도 공부해야 하는데

영어 수학만 공부하게 만드는 현실이 너무 속상하다.

너나없이 독서교육의 중요성을 이야기하지만

중 · 고등학생 대부분은 독서를 하지 못하고 있다.

입시 위주 교육 때문이고, 수학 공부 때문이다.

수학이 대학입시에서 차지하는 비중 줄이고

수학이 대학입시를 좌우한다는 잘못된 인식 바로잡아야 한다.

수학 못해도 대학 갈 수 있다는 사실

수학 못해도 행복할 수 있다는 사실 깨달아야 한다.

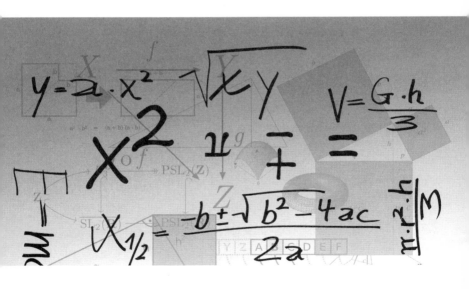

생기부와 자소서

"이 활동 하면 생기부에 기록해주나요?"
"이 내용 생기부에 적어 주시면 감사하겠습니다."
"선생님! 생기부 잘 좀 부탁드립니다."
"선생님 오늘 배우는 내용 시험에 나오나요?"라면서 분주하다.
실력 향상에 힘쓰고 학교생활 즐기려 하기보다
성적에만 신경 쓰고 생기부만 챙기려는 아이들을 보면
씁쓸함이 스멀스멀 올라온다.
성적보다 더 안타까운 것은 학교생활기록부다.
학교생활기록부가 자신의 인생을 좌우하는
요술방망이나 되는 것처럼 생각하는 아이들이 너무 많다.
안쓰럽기도 하고 얄밉기도 하고 안타깝기도 하다.
생기부를 위해 학교에 다니는 것 같아 답답하고
모든 활동이 생기부를 위함인 것 같아서 많이 씁쓸하다.
아이들은 힘들다. 학부모들도 선생님들도 힘들지만
아이들은 힘들다는 표정을 지을 여유조차 없이 더 많이 힘들다.
중간고사 기말고사, 비교과영역, 수행평가, 모의고사,
봉사활동, 각종 대회, 진로활동 등 해야 할 일 너무 많아

고달프기 그지없고, 너무 많아서 아예 포기하는 아이가 적지 않다.

학교생활기록부 비교과영역은 절대 중요하지 않다.
스스로 기획하고 탐구한 활동이라면 평가받을 수 있지만
일반적인 활동이나 학교에서 기획하여 다 같이 한 활동은
인정받지 못하는 것이 현실이다.
교과 전형은 성적만으로 사정하니까 말할 필요 없고
종합 전형에서도 중요한 것은 학과 성적과 면접 점수이지
비교과영역이 아니다.
천편일률적이고 대동소이한 특기 사항을 눈여겨볼 대학은 없다.
학교생활소설부라는 말까지 공공연하게 떠도는 상황에
어떻게 점수화하여 당락을 결정하는데 사용한단 말인가?

자기소개서 또한 대학입시 전형에 그다지 영향 미치지 못한다.
몇 백 만원을 주고 대필한다는 이야기가 여기저기서 쏟아지는데
어느 대학이 자소서 내용을 참고한단 말인가?
자소서 가지고 평가한다는 것 자체가 우스운 일이다.
상황이 이러함에도
1학기 기말고사가 끝난 후 시작된 자기소개서 작성은
수시원서접수가 마감되는 9월 중순까지 두 달 이상 계속된다.
수학능력시험을 준비해야 하는 중요한 시간에
수능 공부 밀쳐놓고 자소서에 시간과 에너지를 쏟아 붓는 모습은
코미디, 그 이상도 이하도 아니다.
자소서 작성에 엄청난 에너지를 쏟는 모습도 안쓰럽지만

더 큰 안쓰러움은 쓸거리를 가지고 있지 못하다는 사실이다.

그렇다. 상당 수 아이들은 쓸거리가 없다.

'고등학교 재학기간 중 학업에 기울인 노력과 학습 경험'

에 대해 쓰라 하는데

고등학교 재학기간 중 학업에 기울인 노력과 학습 경험이 없고,

'재학 기간 중 본인이 의미를 두고 노력했던 교내 활동'

을 3개 이내로 쓰라하는데

의미를 두고 노력했던 교내 활동이 없다.

'배려 나눔 협력 갈등관리 등을 실천한 사례'를 쓰라는데

배려, 나눔, 협력, 갈등관리 등을 실천한 사례가 없다.

쓸 내용이 없음에도 잘 쓰겠노라 낑낑대는 모습은

물고기 없는 웅덩이에서 고기 잡겠다고 뛰어다니는 어리석음이고

음식 재료도 없이 맛있는 음식 만들겠다고 큰소리치는 바보짓이며

맨손으로 그림같이 예쁜 집을 짓겠다고 덤비는 돈키호테다.

대학입시에 별 영향을 미치지 못하는 것이 분명한 자기소개서임에도

대학입시에 엄청난 역할을 한다는 이웃집 아주머니의 호들갑에 현혹되어

수능을 준비하는 대신 자기소개서에 매달리는 모습은 안타까움이다.

이래저래 많이많이 안쓰럽고 화가 나는 현실이다.

마음 편해야 공부 잘할 수 있다

고등학교 시절, 일본어 수업시간
선생님께서는 수업시간 중간 중간에 읽기나 해석을 시키셨는데,
소심하고 못난 나였기에
긴장 불안 공포의 심정으로 내가 지목되지 않기만을 기도했었다.
1주일에 두 시간, 2년 동안이나 배웠지만
그때도 지금도 내가 일본어를 조금도 할 줄 모르는 이유는
불안 초조 긴장 공포 때문이라고 생각한다.

억압과 통제로 교육하는 것이 효율적이라 생각하는 사람이 많지만
퇴직 교사나 교직 경력 25년 이상의 교사 대부분은
부드러움과 감싸안음과 관심, 그리고
사랑과 용서와 기다림이 최고의 교육이라고 말한다.
힘들고 시간이 걸리고 당장은 불편할지라도
따뜻하게 설명해주고 행동으로 모범을 보이고 용서하고
대화와 설득으로 인도하는 것이 올바른 교육이라고 이야기한다.
어린 아이 때나 청소년기에는
너나없이 철부지이고 버릇없고 이기적이라는 사실을 깨달아서

버릇없는 행동이나 말에도 감정적으로 대응하거나 야단치지 말고
대화로써 깨우쳐주고 믿어주고 기다려주는 것이
진정한 교육이라 이야기한다.
폭언이나 체벌로 아이들을 꼼짝 못하게 통제해서는
아이들을 올바르게 성장시킬 수 없고
교육자로서 능력 없음을 인정하는 행위일 뿐이라고 이야기한다.

인성 교육도 중요하지만 학과 공부가 더 중요하고 급하니까
통제와 억압은 어쩔 수 없는 선택이라 이야기하는 사람도 많지만
공부를 잘하도록 하기 위해서도
통제하고 억압함으로 긴장된 상태 만들지 말고
용서하고 부드럽게 타이름으로 마음의 평안 줄 수 있어야 한다.
마음이 편안하고 즐거운 상태에서는 효율성 높일 수 있지만
불안 공포 긴장 상태에서는
뇌의 경직으로 공부의 효율성 기대할 수 없기 때문이다.

할머니가 엄마보다 아이들을 더 따뜻하게 보듬는 이유는
그 나이엔 철들지 않아 어리석게 행동한다는 사실을
할머니는 잘 알고 있기 때문이다.
두 살 아이가 대소변 가리지 못하는 것이 당연한 것처럼
중·고등학생들은 아직 철들지 않았기에 놀기 좋아하고
버릇없고 자기중심적이라는 사실을 할머니는 깨달았기 때문이다.
야단친다 해서 달라지지 않는다는 사실 알기 때문이고,
모든 것은 시간이 해결해준다는 사실을

2장 공부, 잘해야만 하는 것 아닌데

자녀나 주변의 아이들을 통해 많이 경험하였기 때문이다.

스포츠에서도
억압과 통제로 지도받은 경우보다
부드러움과 자율로 지도받아 좋은 결과를 내는 경우가 훨씬 많다.
신나고 즐거운 마음으로 하면 좋은 결과 낼 수 있지만
억압과 통제로는 주눅 들고 긴장되고 자신감을 상실하여
제대로 된 실력을 발휘하지 못하기 때문이다.
즐거운 마음이 공부 효율성 높여준다는 사실을 알면 좋겠고
마음이 실력 향상을 좌우한다는 사실,
즐거운 마음이어야 공부 잘할 수 있다는 사실 알면 좋겠으며
체벌과 얼차려는 어쩔 수 없는 선택이라는 생각 버려주면 좋겠다.
자율과 부드러움이 우리가 가야 할 길이기 때문이기도 하지만
자율과 부드러움이 공부의 효율성을 높여주기 때문이기도 하다.
'해님과 바람의 내기'라는 우화를 생각해 본다.
바람이 이길 것이라고 생각하였지만 결과는
해님의 승리였다는 사실, 생각하고 또 생각해 본다.

철부지 교사 시절엔 정말로 열심히(?) 지도하였다.
인간은 자극을 받아야 발전할 수 있고
그 자극으로 회초리만한 것이 없다고 생각했었다.
공부를 소홀히 하는 것을 죄라 생각하여
손바닥 아프게 만들었고 종아리에 생채기를 내기도 하였다.
언어폭력은 폭력이 아니라는 생각으로

학생들의 잘잘못이나 실수에도
폭언으로 마음에 상처 주기가 일상이었다.
회초리를 맞고 욕을 먹은 아이들이
조용해지고 다소곳하게 책상 앞에 앉아있는 모습을 보면서
스스로 능력 있고 열정 넘치는 교사라 대견해하기도 하였다.
책상 앞에 조용히 앉아있기만 하면
지식은 저절로 쌓이게 되는 것이라 생각했던 것이다.
지금은 부끄럽기 그지없는데
그때는 왜 뿌듯함이고 자랑스러움이었는지.

교단을 떠날 나이가 되어서야
바람직한 교육은 어떠해야하는지에 대해 생각해 본다.
국어사전은 '교육'을
"인간 심신의 모든 능력을 발육시켜 인간으로서의 가치를
높이기 위하여 지속적으로 가르치고 지도하는 일"
이라 적어 놓고 있다.
그렇다면 나는 아직 교육의 근처에도 가보지 못한 것이 된다.
아이들의 심신 발달을 위해 노력하지 않았고
인간의 가치를 높이기 위한 노력도 하지 못하였기 때문이다.
오직 공부였고, 오직 성적이었으며, 오직 명문대 합격이었다.
교육은 믿음과 기다림과 용서와 솔선수범이라는 생각조차
5년 전에야 처음으로 하게 되었다. 안타깝게도. 부끄럽게도.

회초리 들지 않은 지 얼마 되지 않았고

2장 공부, 잘해야만 하는 것 아닌데

소리 지르며 화내지 않은 지도 3, 4년 밖에 되지 않았다.
그런데 이상하게도 아이들은
굳이 야단치지 않고 화내지 않아도
스스로 잘못을 깨닫고 멋쩍어 하며 행동을 바로 잡아 나갔다.
이제서야 깨달음이 왔다.
체벌과 화냄은 아이들 마음을 변화시키기는커녕 오히려
분노를 가져와 교육 효과가 떨어진다는 깨달음.
기다림, 용서, 관심, 부드러움이 아이들의 마음을 바꾸고
결국은 행동까지 바꾼다는 깨달음.
그래서일까? 방송인 유병재씨가 쓴 다음과 같은 글에
크게, 그리고 여러 번 고개 끄덕일 수 있었다.

"사람들이 당신을 겁내는 건,
당신에게 대단한 카리스마가 있어서가 아닙니다.
당신이 그냥 쉽게 상처를 주는 사람이기 때문에
상처를 받게 될 나를 겁내는 것이지,
당신을 겁내는 것이 아닙니다.
당신에게 대단한 카리스마가 있어서가 아닙니다."

5년 전부터 시험 보는 날에는 내가 청소를 한다.
3년 전부터는 매일, 아이들이 교실에 들어오기 전
창문을 열고 청소를 하고 책상을 정돈한 다음
조용히 책상에 앉아 책을 읽으며 아이들을 맞이한다.
교실을 청소하는 이유는 지식을 가르치는 것보다

봉사 배려 기다림 등의 지혜를 가르치는 것이,
말이 아닌 행동으로 가르치는 것이,
더 중요하고 효과적이라는 깨달음이 왔기 때문이다.
교단을 떠날 나이가 되어서야 깨달음이 왔다.
부끄럽고 안타깝게도.

산 좋아하는 사람, 물 좋아하는 사람

아침 자율학습 시간,
교실이 더럽다는 생각에 걸레질을 하고 있었다.
한 아이가 조용히 다가와서는 자기도 걸레질하고 싶다며
걸레 빨아오면 어떻겠느냐고 물었다.
그냥 책 읽으라 말하였지만
자신은 책상 앞에 앉아있는 것보다 움직이는 일이 좋다면서
애절한 눈빛을 보내는 것 아닌가.
선생님 도와주고 싶은 맘 아니고 예쁨 받기 위함도 아니며
책 읽는 것보다 청소하는 일이 재미있기 때문이란다.
책상 앞에서의 생기 잃은 모습은 온데간데없고
마냥 행복한 표정으로 콧노래까지 부르면서
신나게 걸레질 하는 모습에서
인간은 제각각의 방법으로 살아가고 있음을 깨달았다.
과거엔 흡연을 하거나 교칙을 위반하여 징계를 받은 학생들이
벌칙으로 청소하는 경우가 있었는데
슬픈 표정, 못마땅한 표정으로 청소하는 아이들보다

밝고 행복한 표정으로 청소하는 아이들이 훨씬 많았다.
책상 앞에 앉아있는 것보다 청소하는 일이 훨씬 좋다고 하면서.

기획하고 문서 작성하는 일에서 행복 찾는 사람 있고
몸 움직이는 일에서 행복 찾는 사람 있으며
음식을 만들면서 행복 느끼는 사람이 있고
농사지으며 자신의 존재 가치를 느끼는 사람도 있다.
삶의 목적이 행복이고,
좋아하는 일을 하는 것이 행복이라면
머리로 하는 일보다 몸으로 하는 일에서 행복 느끼는 사람에게는
몸으로 하는 일을 권하는 것이 옳지 않을까?
취향이 다르고 성격이 다른 것처럼
사람 역시 재능이 각기 다르다는 사실,
행복을 찾는 방법도 모두 다르다는 사실,
인정할 수 있어야 현명한 사람 아닌가?
농사짓는 일 좋아하는 사람에게는 농사일 하도록 하고,
공부하기 좋아하는 사람에게는 학문하도록 하며,
운전 좋아하는 사람에게는 운전하도록 하는 것이 옳다.
사회를 위하는 일이고 누군가 해야 할 일이며
그 일을 통해 행복 느낄 수 있다면
어떤 일일지라도 모두 소중한 가치를 지니는 것이기 때문이다.

판사, 검사, 변호사. 사람들이 선호하는 직업이지만 나는 싫다.
인간이 저지른 죄의 유무를 판단하고 정죄하는 일은

2장 공부, 잘해야만 하는 것 아닌데

잘할 자신 없는 일이고 내게 어울리는 일도 아니기 때문이다.
의사 역시 누군가는 해야 하는 일이지만
나는 싫다. 아니 잘할 자신이 없다.
그 많은 의학 지식들을 암기해낼 능력도 없거니와
피를 쳐다보거나 만질 자신도 없으며
주사 바늘을 꽂을 용기조차 없기 때문이다.
환자의 치료를 위해서는 체력도 인내심도 있어야 하는데
내겐 그럴 능력 또한 없기 때문이기도 하다.

농촌이 붕괴되어가고 있다. 농사지을 사람이 부족하다.
기계화되었다고 하지만
사람이 직접 흙을 만지고 땀 흘리지 않으면 열매 거둘 수 없는데
농사짓겠다는 젊은이가 적은 것은 안타까운 일이다.
농촌 붕괴, 생각만으로도 아찔하다. 어촌 역시 마찬가지다.
어찌할 것인가? 어찌하면 좋은가?
누군가는 농사지어야 하고 누군가는 고기 잡아야 하는데.
생산 현장 역시 상황이 녹록치 않다.
매스컴은 날마다 구직난을 이야기하고
정치인들도 매일 일자리 창출을 이야기하는데
실상 농촌에도 어촌에도 공장에도
구인난은 생각 이상으로 심각하다. 어디에서부터 잘못 되었을까?
3D업종에서는 사람을 구할 수 없는 현실을
애써 외면하는 이유는 무엇인가? 이대로 괜찮은가?
대학을 졸업했다는 이유로

생산 현장을 외면하는 오늘 우리 대한민국의 현실.

이대로 정말 아무렇지 아니한가?

3D업종 종사자에게 충분한 수입을 보장해주는 일이 정말 어려운가?

모든 학생이 공부 잘할 수도 없지만

모든 학생이 공부 잘해서도 안 되는 이유 중 하나는

사회는 다양한 사람을 필요로 하기 때문이다.

농부도, 어부도, 트럭기사도, 요양사도, 환경미화원도 필요하고

요리사도 미용사도 청소원도 노동자도 필요하다.

수요공급의 법칙이 직업에도 적용될 것이라는 희망을 가져본다.

너도나도 블루칼라 일을 싫어하게 되면 블루칼라 숫자가 적게 되고

그렇게 되면 블루칼라가 대접받을 수 있으리라는 희망 말이다.

농부 어부 노동자들이 대접받는 시대

머지않아 다가올 것이라는 희망.

정치인이나 고위공직자나 판검사나 의사가

돈과 권력과 명예를 함께 가지지 않는 세상,

농사짓고 청소하고 운전하는 사람도

경제적 시간적 풍요로움을 만끽할 수 있는 세상,

내일은 아닐지 몰라도

모레는 분명한 것 아닌가?

"소는 누가 키우나?"라는 개그 프로그램을 보면서

웃고 지나쳤는데 요즘 되새김질해보고 있다.

누군가는 소를 키워야 한다는 사실 알기 때문에.

공부보다 인성이 먼저다

공부 잘하면서 인성 좋은 아이가 있고
공부는 잘하지만 인성 나쁜 아이가 있으며,
공부 못하지만 인성 좋은 아이 있고
공부도 못하고 인성도 나쁜 아이까지 있다.
공부와 인성 간의 상관관계는 없다고 보는 게 옳다.
분명한 것은
공부 잘하는 아이는 반드시 인성이 좋아야한다는 사실.
아니, 인성을 갖추지 못하면 공부 못하도록 하여야 한다는 사실.
공부 잘하면 권력을 쥐게 될 것인데
그 권력이 우리 사회에 잘못된 영향력을 미치는 일
더 이상 있어서는 안 되기 때문이다.

수업시간 중 절반 이상을 인성 교육에 쏟아야
우리 사회가 건강하고 아름답고 풍요로울 수 있다.
인성 나쁜 지식인과 권력자들 몰아내는 일도 중요하지만
인성 나쁜 아이는 공부 못하도록 하는 것이 근본 처방 아닐까?
"내 자식이지만 싸가지 없기에 공부시키지 않으렵니다.

싸가지 없는 아이가 공부 잘하면 우리 사회의 평화 깨지니까요."
라고 말할 수 있는 사람, 많이 만나고 싶다.

형광등이 켜있고 선풍기 돌아가고 에어컨도 바람을 내뿜는다.
우산이 뒹굴고 책도 필기구도 뒹굴뒹굴한다.
점심시간이나 체육시간, 아이들이 없는 빈 교실의 풍경이다.
식당 잔밥통에는 내버린 밥과 반찬이 수북하고
종업식 마친 교실에는 내팽개친 물건들이 나뒹군다.
엉터리 우리 교육의 자화상이고
입시 위주의 교육이 낳은 병폐이다.
시험 끝나면 잊어버리게 되는 조그마한 지식 나부랭이만 가르쳤고
시험 점수 잘 받는 요령만 터득하도록 하였으며
명문대 입학만을 지고지선의 가치라고 외쳤기 때문이다.

명문대학 입학이 삶의 목표가 되어버린 나라
성적표로 사람을 평가하는 나라
공부를 위해서라면 할머니 병문안 가지 않아도 되는 나라
고3이 벼슬인 나라
"공부하느라 땀 흘린 게 얼만데 그런 일을 해?"
"이래봐도 나, 명문대 나온 사람이야!"
"이 정도 월급 받으려고 초등학교 때부터 죽어라 공부한 것 아니야!"
라는 투덜거림이 이상하지 않는 나라.

이런 나라에 살고 있다는 사실이 부끄러움으로 다가온다.

가르치지 않았다.

왜 환경을 보호해야 하는지,

왜 양보하고 용서해야 하는지,

왜 법과 질서를 지켜야 하는지,

왜 모르는 사람까지 사랑해야 하는지에 대해서.

공공장소에서 지켜야 할 예절에 대해 말해주지 않았고

에너지를 절약해야 하는 이유도 설명해주지 않았다.

대학입시만 중요하다 외쳤고 알량한 지식 전달에만 급급하였다.

어떠한 마음으로 어떻게 생활해야 민주 시민이 되고

어떻게 해야 평화가 지속되는 지에 대해서도 말해주지 못했다.

오로지 시험에 나올 확률이 있느냐 없느냐에만 관심 쏟았고

공부만 잘하면 모든 것을 용서받을 수 있다고 소리 질렀다.

명문대 합격을 위해 모든 것을 포기하라 외쳤고

5지선다형 문제에 정답 찾는 방법만 훈련시키고 또 훈련시켰다.

'만들 공(工)'에 '대장부 부(夫)'를 쓴 '공부(工夫)'다.

대장부(멋진 사람) 만드는 일이 공부인 것이다.

그런데 지금의 학교는 대장부 만드는 일에 관심을 갖지 않는다.

사람다운 사람이 되어야 한다고 가르치지 않고

대학에 들어가는 일만 중요하다고 가르친다.

사람다운 사람 만들려 노력하지 않고

명문대 입학생 숫자 늘리는 일에만 심혈을 기울인다.

그저 줄 세우기의 도구일 뿐인 지식,

시험을 치르기 위한 방편 역할만 하는 지식,
시험 끝나면 사라져버리는 지식 전하는 일만 가치 있게 생각한다.

지식 전달이 교육의 전부가 아니라는,
인성교육이 지식교육보다 중요하다는 인식에 모두가 공감한다면
교육은 변할 것이고, 그 영향으로 사회 역시 변할 것이다.
사랑으로 다가가면 아이들은 순한 양이 되는 것을 자주 확인하였다.
처음에 도망치던 아이도 조용히 다가왔고
반항하던 아이도 겸연쩍은 미소 지으며 조용히 다가와
바른 길 가려 노력하는 모습을 보여주었다.

왜 정직해야 하고 왜 사랑해야 하는지,
왜 용서해야 하고 왜 겸손해야 하는지,
왜 양보해야 하고 왜 경청해야 하는지,
왜 부모님께 순종해야 하고 모든 사람을 존중해야 하는지,
왜 독서가 중요한 지에 대해서 설명해주어야 한다.
왜 분리수거 해야 하는지,
왜 질서를 지켜야 하는지 이야기해주고 또 이야기해 주어야 한다.

권력형 비리 저지른 후, 법의 심판을 받는 사람들의 공통점은
공부 잘하였다는 점이다.
공부 잘하지 않았다면
고생할 일도 창피 당할 일도 인생 망치는 일도 없었을 것인데.......
인성이 올바르지 않는 아이는 공부 못하도록 하여야 한다.

사회를 위해서이기도 하지만
본인의 불행을 막기 위해서이기도 하다.

개천에서 용 더 많이 나올 수 있는 세상

개천에서 용 나올 수 없는 세상이란다.

누구를 위한 거짓말이고 무엇을 위한 헛소리인지.

개천에서 태어난 사람 기죽이려는 처사인가?

개천에서 태어난 사람 싹부터 짓밟아버리기 위함인가?

아니면, 세상 돌아가는 것을 모르는 무식함 때문인가?

과거엔 불공평하고 기회조차 주어지지 않은 경우가 많았지만

지금 세상은 과거에 비해 공평하고 기회도 모두에게 열려있다.

누구라도 노력하면 뭐든지 할 수 있고

공부 재주 있고 공부하겠다는 의지가 있기만 하면

고아에게도 박사 되는 길이 열려있는 세상이다.

재주와 노력의 문제이지

환경의 문제는 절대 아닌 세상이라는 말이다.

조선시대는 말할 것 없고

중학교 진학마저 쉽지 않았던 6, 70년대 까지도

개천에서 용 나기 어려운 세상이었다.

뛰어난 능력이나 불굴의 의지를 지니고 있음에도

2장 공부, 잘해야만 하는 것 아닌데

학교 다닐 기회, 무언가 해 볼 기회조차 만나지 못하는데
어떻게 용이 될 수 있었겠는가?
조선시대는 물론 일제강점기, 그리고 1960년대까지도
가난한 집 자식들은 좀처럼 공부할 기회를 갖지 못하였고
그렇기에 재주를 발휘하지 못하고 묻혀버리는 경우가 매우 많았다.
그런데 지금은 어떠한가?
아무리 가난할지라도 고등학교는 물론
의지만 있다면 누구라도 박사공부까지 할 수 있는 세상이 아닌가?
복지제도 충분히 갖춰져 있고 장학금도 많은 세상이 아닌가?
출신이나 가난 때문에 공부할 기회 갖지 못하는 아이가 없는 세상,
열정과 의지만 있다면 누구라도 무엇이든 할 수 있는 세상,
노력하면 누구라도 미소 지을 수 있는 세상,
욕심 버리면 누구라도 행복할 수 있는 세상,
지금 우리가 숨 쉬고 있는 세상 아닌가?
물론 아직 문제가 많은 세상이고 더 성숙해가야 하는 것은 맞지만
과거와 비교하면 백 배, 천 배
개천에서 용 나기 쉬운 세상인 것은 분명한 사실이다.

개천에서 용이 나올 수 없는 세상이라고 말하는 사람은
경제적 형편이 어려우면 사교육 받을 수 없고
사교육 없으면 좋은 결과 없다는 생각 때문인 것 같은데
학교 현장에서 보면 이런 생각은 조금도 가당치 않다.
사교육 없이 좋은 결과 낸 아이들이 너무 많기 때문이다.
아니, 사교육 없어야 공부 잘할 수 있기 때문이다.

단 한 시간의 사교육 없이 원하는 대학 학과에 진학하였고, 이후
사회에 나가 멋지고 아름답게 활동하는 제자들 무수히 많다.
오히려 사교육 받느라 스스로 공부할 시간을 갖지 못하여
대학입시에 실패한 경우가 더 많다.
보다 중요한 사실은
사교육 없이 대학에 간 학생은 대학에 가서도 앞서 나가고
사회생활도 잘하는데 비해
사교육의 힘을 빌려 대학에 간 제자는
스스로 하는 능력을 갖추지 못하여
대학에서도 사회에서도 눈물 흘리는 경우가 많다는 점이다.

좋은 환경에서 공부한 아이가
나쁜 환경에서 공부한 아이에 비해
공부 잘 할 수 있다는 주장에 고개를 끄덕여도 괜찮지만
사교육이 성적을 향상시켜준다는 주장,
사교육을 받아야만 성적 올릴 수 있고
사교육 받지 못하면 성적 향상시킬 수 없다는 주장에는
절대 고개를 끄덕일 수가 없다.

1960년대는 물론 1970년대 초반까지도 가난 때문에
중학교 고등학교에 진학하지 못하는 아이들이 적지 않았다. 또
등하교에 시간을 소비하고, 또 집안일 농사일 돕느라
공부할 시간을 가질 수 없는 친구도 많았다.
배움의 기회 자체를 얻지 못하였기에

2장 공부, 잘해야만 하는 것 아닌데

개천에서 용 나기 어려웠던 시대였다.

그런데 지금은 누구에게나 기회가 열려있는 세상,

개천에서 용이 더 많이 나올 수 있는 세상 아닌가?

우리를 슬프게 하는 일들이 많음에도

세상이 그런대로 살만하다고 생각하는 이유는

누구에게나 기회가 주어지는 사회,

개천에서도 용이 나올 수 있는 세상이기 때문이다.

지금의 대한민국은 개천에서 용 나오는데 전혀 문제없는 나라이다.

대학입시에 숨겨진 정보는 없다

입시 성공 조건으로 할아버지의 경제력, 엄마의 정보력,
그리고 아빠의 무관심라는 이야기가
우스개 소리인양 진실인양 사람들 입에 오르내린다.
흘려들으며 웃어넘기고 말았지만,
진실처럼 받아들이는 사람도 적지 않다는 사실을 접하면서
답답함 가슴 위에 분노가 얹혀졌다.
'어리석구나. 어리석은 사람들이 꽤 많구나.'
'생각 없이 사는 사람들이 의외로 많구나.'
'이러하기 때문에 사기꾼이 많이 생기는 것이구나.'

할아버지의 경제력이라니.
돈 많아야 공부 잘할 수 있다니.
기업 회장님 사장님은 물론 권력자 대부분도 돈이 많던데
그래서 그 회장님 사장님 권력자 자녀들은 모두 공부 잘하던가?
절대 그렇지 않다는 사실, 확인 어렵지 않다.
평균 이상일 수는 있지만 경제력 때문은 절대 아니고
공부 잘하는 DNA 때문이고 안정되고 마음 편안한 환경 때문이다.

엄마의 정보력? 언뜻 들으면 맞는 말인 것 같지만

확실하게 거짓말인 이유는

실력 쌓는 일에 정보가 필요한 것 아니기 때문이고,

대학입시에 숨겨진 정보가 있을 수 없기 때문이다.

요즘 같은 정보화시대에 숨겨진 정보가 있다는 것도,

실력 향상시키는 일에 정보가 필요하다는 것도 말이 안 된다.

어떤 문제가 출제될 수 있을 것임을 알아낼 수 있다니.

대학입시에 특정인만 알 수 있는 숨겨진 입시정보가 있다니.

절대 있을 수 없는 일이다.

아무리 능력 있는 선생이라 할지라도

무엇이 시험에 나올지를 아는 선생님은 없다.

가끔 어느 학원이나 학습지 출판사에서 적중했다고 자랑하는데

우연히 한 문제 정도 비슷하게 나온 것일 뿐이다.

무슨 정보를 캐올 수 있단 말인가?

그 누구만 아는 정보가 어떻게 존재할 수 있단 말인가?

지금이 어떤 세상인데.

만약 그 정보대로 시험이 출제되었다면 그것은 도둑질이고

다음날 아침 신문에 대서특필 될 것이며

범죄행위로 처벌받을 것 분명하지 아니한가?

그 어떤 대학이 특정한 누구에게만 정보를 준다면

그 대학은 사라져야 마땅한 대학이고

언론에 보도되어도 열두 번 보도되지 않겠는가?

역설적이게도 정보만 믿다가 큰 코 다치는 경우가 많다.

'앞집 처녀 믿다가 장가 못 간다.'는 속담이 그대로 적용될 수 있다.
시험에 나오지도 않을 정보만 믿고 있다가
실력을 쌓지 못하고 결국 패배자가 될 수 있다는 말이다.
대학입시의 모든 정보는
대학 홈페이지나 입시정보 사이트를 통해 모두 공개된다.
어느 대학이 어디에다 정보를 숨겨놓고
돈 많고 권력 있는 사람에게 알려주는 일은 있을 수 없다.
정보에 힘입어 대학 간 사람 없고
정보 부족으로 대학입시에 실패한 사람도 없다.
게을러서 정보를 접하지 못할 수는 있지만.
대학입시에 특정한 사람에게만 제공되는 정보는 없다.
스스로 실력을 쌓으면 좋은 성적 얻을 수 있는 것이고
성적이 좋으면 정보 없이도 원하는 대학 학과에 갈 수 있는 것이다.

오늘도 혹시나 하는 마음으로
정보를 찾아 헤매는 부모가 적지 않은데
그래서 공부 잘할 수 있는 괜찮은 비법을 찾았나?
성적이 보잘 것 없음에도 명문대 갈 수 있는 방법을 찾았나?
단언컨대 단 한 사람도 찾지 못했을 것이다.
파랑새를 찾아 열심히 이리저리 헤매는 것은 어리석음이다.
파랑새를 찾아 길을 나선 치르치르와 미치르가
긴 여정 끝에 집으로 돌아왔을 때 그토록 찾던 파랑새가
자신의 집 처마 밑에 있었다는 사실 기억해야 한다.
정보는 멀리 있지 않고 우리 가까이에 있다.

2장 공부, 잘해야만 하는 것 아닌데

학교에서 제공하는 것으로 충분하고 인터넷은 지나치게 많다.
정보 찾을 시간에 실력 쌓는 게 현명함이고
정보 찾을 시간에 편안하게 휴식 취함이 지혜로움이다.

아빠의 무관심이라니?
이런 말 같지 않은 말이 또 있을까?
사람은, 특히 아이들은 사랑과 정성을 먹고 성장하는 법인데
아빠의 무관심이 입시의 성공 조건이라니?

실패한 유학

유학을 보내는 마음은 무엇일까?

특별한 무엇인가가 있을 것이라는 막연한 기대 때문일 것이고

외국에 나가면 잘 될 것이라는 착각 때문이 아닐까?

그런데 전주월드컵 경기장에서는 축구 못하는 아이가

홋스퍼스타디움이라 해서 축구 잘할 리 절대 없는 것 아닌가?

집에서 새는 바가지 밖에서도 샐 수 있다는 말이다.

한국에서 못하는 공부, 외국 가면 잘할 수 있다는 생각은

희망사항일 뿐 절대 현실이 될 수 없다.

해외 유학이 좋은 결과로 이어지는 경우는 극히 드물다.

영어 실력 조금 쌓아가지고 오는 것이 대부분이고

그마저도 아닌 경우도 많다.

영어 실력 조금 쌓겠다는 욕심으로

어마어마한 돈과 시간을 쏟아 붓고

어린 시절의 행복 내던지는 것은

빈대 잡으려다 초가삼간 태우는 일인 것이 분명하다.

귤이 회수를 건너면 탱자가 된다는 의미로

　　　　　　　　　　　　　　　2장 공부, 잘해야만 하는 것 아닌데

환경이 달라지면 동일한 것이라도 그 성질이 달라진다는
귤화위지(橘化爲枳)라는 말을 신봉해서는 안 된다.
인간은 주위 환경에 따라 달라질 수 있긴 하지만
달라지지 않는 경우가 더 많기 때문이다.
그리고 좋게 변할 가능성도 있지만 오히려
나쁘게 변할 가능성도 크다는 사실까지 알아야 한다.

지방에서 못하는 공부 서울에서 잘할 수 없는 것처럼
우리나라에서 못하는 공부 외국이라 해서 잘 할 수 없다.
지방에서 공부하여 실력 쌓으면 하고 싶은 일 할 수 있는 것처럼
우리나라에서 공부해도 뭐든지 할 수 있다.
혹시나 하는 마음 모르는 바 아니나
해외 유학은 지극히 어리석은 선택이다.
친구가 좋은데, 친구와 함께하는 즐거움이 중요한데
언어가 통하지 않을 뿐 아니라 친구가 없다.
친구가 없어 즐거움 전혀 없는데,
강제로 유학을 떠나와 가슴에 원망 가득 차 있는데
어떻게 즐거울 수 있고 공부 잘할 수 있겠는가?
해외유학이 오히려 독이 될 가능성이 많다는 사실 알아야 하고,
내일의 행복도 중요하지만
오늘의 행복도 중요하다는 사실까지 알아야 한다.

미국에 있는 지식 우리나라에도 몽땅 있다.

중 · 고등학생이 배워야 할 지식이라면 말할 필요조차 없다.

미국의 선생님이라 해서 특별한 능력이 있는 것 아니고

공부는 선생이 시켜줄 수 있는 것도 아니다.

영어만 익히고 와도 손해는 아니라고?

웃기는 말이다.

영어만 잘해서 할 수 있는 일은 극히 적고

유학 아니어도 영어 실력 키우는데 전혀 지장 없다.

얻는 것만 보지 말고 잃은 것도 보아야 하고

교양이나 전공 지식이 훨씬 더 중요하다는 사실 알아야 한다.

그리고 미디어가 엄청 발달해 있는 지금,

게으르고 의지가 없어서 실력 키우지 못하는 것이지

환경이 좋지 않아 실력 키우지 못하는 경우는 거의 없다.

앞뒤를 살피고 좌우를 살펴보아도

중고생을 해외유학 보내는 것은 어리석음인데 이유는

얻음보다 잃음이 훨씬 크기 때문이다.

굳이 필요하다면 박사과정, 빨라도 석사과정이어야 한다.

잘된 케이스만 보고서,

자신의 자녀도 잘 될 것이라는 잘못된 믿음 가지고

유학을 선택하는 것은 어리석음이다.

우리나라에서는 공부 못하였지만

유학 가게 되면 공부 잘할 수 있다는 생각은

욕망이 만들어낸 어리석음이고

자기 마음만 편하면 된다는 부모의 이기주의(利己主義)다.

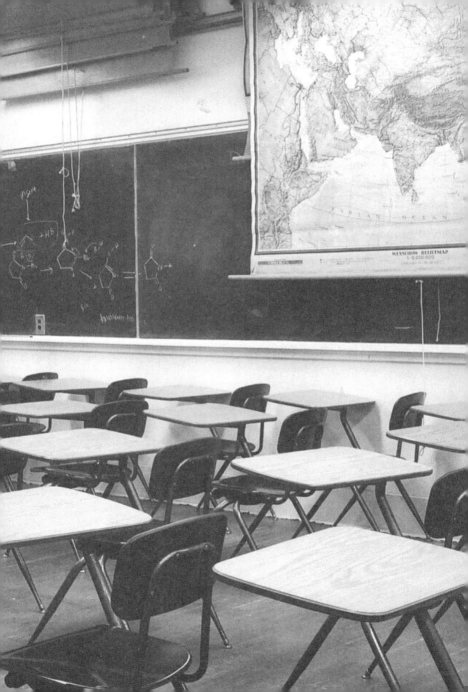

의문 품는 연습을 열심히 하고 생각하는 훈련 반복하고
또 반복해야 한다. 스스로 의문 품고 스스로 생각하여 스스로 해결해야 한다.
사교육이 공부에 도움 되지 않고 오히려 공부에 방해되는 이유는
의문 품을 시간, 생각할 기회를 빼앗아버리는 것에 있다.

3장

사교육
꼭 받아야 하나

의문을 품을 때 알게 되는 것

1970년대 중·고등학생 시절, 애국조회라는 이름으로
월요일 아침마다 운동장에 모였었다. 그때
애국가 제창이 있었고 순국선열에 대한 묵념도 있었다.
고백하건데 대학생이 되어서까지도
제창(齊唱)이 '가지런할 제(齊)' '노래할 창(唱)'인 줄도 몰랐고
묵념(黙念)이 '말 없을 묵(黙)' '생각 념(念)'인 줄 몰랐다.
'제창'에서는 '창'이 '노래하다'는 의미인 줄은 알았지만
'묵념'의 의미는 전혀 알지 못하였다. 더 부끄러운 것은
모른다는 사실조차 몰랐다는 사실이다.
고개 숙이라는 지적 받은 것을 통해 어렴풋하게
말하지 않고 고개 숙이는 일일 것이라 짐작하였을 뿐.

학창시절에 우리는 왜 의문을 품지 못하였을까?
왜 누군가 가르쳐주기만을 기다렸고 암기하려고만 했을까?
왜 의문 품지 않았고
왜 스스로 알아내려는 노력을 조금도 하지 못하였을까?

"처음 공부할 때에 의문을 품지 못하는 것은
사람들의 공통된 병통(病痛)이다."라고 말한
조선후기 실학자 홍대용이 『여매헌서』에서 답을 찾았다.
맞다. 보통의 인간, 특히 어린 아이들은 스스로 의문을 품지 못한다.
그렇기 때문에 교사의 역할을
지식 전달보다
의문을 품도록 도와주는 일에 두어야 하는 것이다.

호기심과 의문 품기의 중요성을 알지 못한다.
호기심 가지고 의문을 품을 수 있는 능력을 갖기만 한다면
엄청난 발전이 가능하다는 사실을 알지 못한다.
호기심을 갖도록, 그리고 의문 품도록 도와주면 좋겠다.
열심히, 친절하게 지식을 던져주는 일만 중요한 것 아니라
호기심 불러일으키고 의문 품도록 도와주는 일이 중요하다.
인간은 의문을 품고 스스로 일을 해결해내려 노력하는 과정에서
스스로 성장해가는 존재이기 때문이다.
어떤 아이가 공부를 잘하는지 살펴보았더니
호기심 가진 아이, 의문을 품을 줄 아는 아이였다.
의문을 품고 그 의문을 해결하려고 씨름하는 과정에서
아이는 부쩍부쩍 성장하였다.

공부(工夫)의 또 다른 말은 '학문(學問)'이고
여기서의 '문'은 '질문할 문(問)'자다.

질문하는 일이 공부라는 말이고
질문을 할 수 있어야 공부 잘할 수 있다는 말이다.
의문을 품는다는 것은 흥미를 가졌다는 의미이고
알아내려는 의지를 가졌다는 의미이다.
의문을 품어야만 집중력 높일 수 있고
높아진 집중력으로 공부를 잘할 수 있게 된다.

앞 베란다에 물이 흥건히 고였다.
진원지는 보일러실이었고 보일러와 연결된 온수파이프가
피리소리를 내면서 물총놀이를 하고 있었다.
수도 계량기 옆에 있는 수도꼭지를 잠그고
구멍 난 주위를 테이프로 칭칭 감은 다음에 꼭지를 열었는데
수압을 이겨내지 못하였다.
TV에서 강력본드로 벽돌을 붙였던 장면을 생각해내고
강력 접착제를 사가지고 와서 붙였으나
이것 역시 수압을 이겨내는 데 역부족이었다.
이렇게 저렇게 한 시간 넘게 생각하고 또 생각하다보니
구멍 난 부분을 절단한 다음
이음 파이프로 연결하면 될 것이라는 생각이 들었다.
성공이었다.
누구에게 배우지 않았다.
다른 사람이 하는 것을 구경한 것도 아니었다.
나 자신을 믿었고 이렇게 저렇게 생각하고 또 생각하였다.
공부도 마찬가지다.

생각하고 또 생각하다보면 스스로 답 찾아낼 수 있고
그 과정에서 문제를 해결하고 기쁨 만날 수 있다.
해보지도 않고 미리 포기하는 어리석음 버려야 하고
생각하기 귀찮아하는 병을 이겨내야 하며
배워야만 알 수 있고 할 수 있다는 생각은 던져버릴 수 있어야 한다.

의문 품는 연습을 열심히 하고
생각하는 훈련 반복하고 또 반복해야 한다.
스스로 의문 품고 스스로 생각하여 스스로 해결해야 한다.
배고파야 밥이 맛있고 배고파야 많이 먹을 수 있다.
사교육이 공부에 도움 되지 않고 오히려 공부에 방해되는 이유는
의문 품을 시간, 생각할 기회를 빼앗아버리는 것에 있다.
의문 품지 않고 생각하지 않았는데,
알고 싶은 욕망 가지지 않았는데
어떻게 알 수 있게 된단 말인가?

아무 생각 없이 무조건 배우려고만 한다.
많이 배우면 좋은 열매를 딸 수 있을 것이라 착각한다.
이것이 문제다.
배움 자체가 나쁜 것 아니라
배우는데 시간을 몽땅 빼앗겨버려서
의문 품을 시간, 스스로 생각할 기회를 가지지 못하는 것이 문제다.
공부의 또 다른 말은 학문(學問)이다.
'배울 학(學)'에 '물을 문(問)'으로

배우는 일,
그리고 의문을 품는 일이다.

배움보다 탐구와 익힘이 …

배우면 알 수 있게 되는 것이라고 생각하는 사람이 많다.

많이 배우면 많이 알게 되고

잘 배우면 잘 알 수 있게 될 것이라고 생각한다.

아니다. 절대 아닌 것이 분명하다.

같은 교실에서

같은 시간동안

같은 선생님에게

같은 내용을 배웠지만

각각의 실력에 차이가 있음을 모르는 사람이 없을 터인데.

공부의 또 다른 말은 학습이고

'배울 학(學)' '익힐 습(習)'의 학습은 배우고 익히는 일이다.

배우는 일만 공부인 것이 아니고 익히는 일도 공부인 것이다.

배워서 알 수 있게 되는 것 아니라

배운 다음에 탐구하고 익히고 또 익혀야만 알 수 있게 되는 것이다.

그렇기 때문에 진정으로 실력을 쌓고 싶다면

배우기에 힘쓰는 것보다 탐구하고 익히는데 힘써야 한다.

배움이 필요 없다는 말이 절대 아니다.

배워야 한다. 배우는 일은 필요하고도 중요한 일이다.

그러나 배움만으로는 절대 부족하다.

익히는 일에 시간을 더 많이 투자해야 제대로 알 수 있다.

먹기만 할 뿐 소화시키려 하지 않는 것이 어리석음인 것처럼

배우기만 할 뿐 익히는 시간을 갖지 않는 것 역시 어리석음이다.

아이들의 건강이

무엇을 먹었느냐에 의해 결정되지 않고

소화 능력이 있느냐에 의해 결정되는 것처럼,

실력 역시 배우는 것의 많고 적음에 의해 결정되는 것이 아니라

얼마나 탐구하고 익혔느냐에 의해 결정된다.

"공부 잘 하고 있지?"

"공부 열심히 해야 한다."

"공부하느라 애쓴다."가 인사말이 된지 오래다.

세상에 태어난 이유가

공부하기 위해서인 것처럼 행동하는 사람들이 많고

자녀 공부시키는 일이 삶의 목표인 사람도 많다.

그런데 '공부'를 이렇게 중요하게 생각하면서도

'공부'가 무엇인지 알려 하지 않고

'공부 잘하는 방법'에 대해서도 관심 갖지 않는다.

이상하지 않은가?

전주 가겠다면서 강릉을 향해 달리고 있음은 이상한 일 아닌가?

그냥 '공부'다.

생각 없이 '공부'다.

그냥 '열심히'다.

앞 뒤 옆 살펴보지 않고

'잘 배우고 많이 배우면 성적은 향상된다.'를 정답이라 생각한다.

학교에서 학원에서 인터넷에서

열심히 재미있게 하는 선생님의 강의 열심히 많이 듣기만 하면

실력은 저절로 쌓일 것이라 생각한다.

절대 아니다.

<u>배움이 공부인 것 아니라</u>

<u>배운 다음에 반복해서 익히는 것이 공부다.</u>

한 시간 배우면 최소 2~3시간 익혀야 한다.

그리고 선생님에게 직접 배워야만 '배움'인 것이 아니고

책을 통해 배우는 것도 '배움'이다. 아니,

선생님보다 오히려 책에게 배우는 것이 효율적이다.

더 많이 생각할 수 있기 때문이고

여유를 갖고 곱씹어 볼 수 있기 때문이며

알 수 있게 될 때까지 반복할 수 있기 때문이다.

또한 스스로 테스트해봄으로

아는 것과 모르는 것을 확인하고 구별할 수 있어

자신의 부족함을 채울 수 있기 때문이다.

익힘이 중요한 것은 공부에서 뿐이 아니다.

운동을 잘하기 위해서도 많은 시간을 익혀야 하고,

그림을 잘 그리기 위해서도 반복해서 연습해야 하며,

악기 연주를 잘하기 위해서도 연습하고 또 연습해야 한다.

실력자들의 공통점은 익히는 시간을 많이 가졌다는 점이다.

익히는데 시간을 투자하지 않고 잘할 수 있는 일은 세상에 없다.

노래 잘 하는 아이들에게 물어보아라.

많이 들었기에 잘하게 되었는지? 많이 불렀기에 잘하게 되었는지?

수학을 공부하는 이유 중 하나는

머리 쥐나게 만들기 위함이다.

근육을 강하게 만들기 위해 웨이트트레이닝 하는 것처럼

두뇌의 힘을 기르기 위해 수학을 공부하도록 하는 것이다.

그런데 선생님 강의만 열심히 잘 들으면 두뇌의 힘 길러질까?

그럴 리는 없다. 다른 사람이 운동하는 것 구경한다고

자신의 근육이 강하게 만들어지는 것 아닌 것과 마찬가지로

선생님이 수학 문제 풀이해주는 것 구경한다고 해서

두뇌 발달 이루어지는 것 아니고

실력 향상 또한 이루어지지 않는다.

구경하는 것은 편한 일이다. 하지만 재미도 없고 발전도 없다.

공부에서 구경꾼이 되어서는 절대 안 되는 이유다.

그런데 안타깝게도 지금 우리나라에는

공부 구경꾼이 너무 많다.

반복의 중요성

연극배우가 많은 대사를 완벽하게 암기하여
자신 있게 연기하는 것을 볼 때마다
경이로움과 함께 존경심마저 느껴져 박수를 보내곤 했었는데
언젠가 방송을 보면서 알게 되었다.
암기력도 훈련을 통해 향상시킬 수 있다는 사실을.
첫 번째 공연의 대사를 암기할 때에는 100시간,
비슷한 분량의 대사인데 두 번째 공연 때에는 80시간,
세 번째 공연 때에는 60시간이 소요되었다고 하였다.
암기력도 선천적인 능력에 의해서가 아닌 지속적인 훈련,
끊임없는 반복을 통해 향상시킬 수 있는 것임을 알게 된 것이다.

한 번 저장하면 반영구적으로 남는 종이나 컴퓨터와 다르게
인간의 두뇌는 한 번의 입력으로 저장되지 않는다.
반복해야만 저장되고 반복해야만 남아있게 된다. 그리고
아무런 생각 없이 읽음으로는 저장되지 아니하고
전체 내용을 파악하고 흐름, 상황, 분위기 등을 이해하였을 때에
좀 더 쉽고 완벽하게 저장할 수 있다.

아무리 좋은 칼이라 할지라도 사용하지 않고 보관만 해 두면
녹슬고 무뎌지게 되지만,
비록 처음에는 날카롭지 못하였던 칼이었을지라도
계속하여 갈고 또 갈면서 사용하게 되면 날카로워지는 것처럼
두뇌 역시, 사용하면 더 능력이 향상되고
사용하지 않으면 퇴화되는 것은 부인할 수 없는 이치이다.

암기력이나 학습능력을 선천적이라 이야기하는 사람이 있는데
긍정하기도 어렵고 부정하기도 쉽지 않다.
긍정한다 할지라도 그 선천적이라는 것이
태중이 아니라 유아기나 아동기일 것이라는 생각을 해 본다.
태어날 때 결정되기보다 유치원 때나 초등학생 때
암기 연습을 얼마만큼 많이 하였느냐가
암기력에 영향을 준다는 말이다.
어쩌면, 고등학교 때 대학교 때도 늦지 않다.
고등학생 때부터라도 암기하는 연습을 꾸준히 하게 되면
암기 능력 향상시킬 수 있다.
반복을 통해 암기력 향상시키고 자신감을 키워 가면 좋겠다.
그런데 부모가 걸림돌 역할 하는 경우도 적지 않다.
강의만 들으라고 강요하는 것이 그것이고
스스로 반복할 기회 빼앗아버리는 것이 그것이다.

땀 흘리지 않고, 실패 경험 없이 기술 습득한 사람을 보았는가?
반복하여 익히지 않고 실력 키워가는 사람 본 적 있는가?

구경꾼이 실력자가 되었다는 말을 들어보았는가?

반복된 연습만이 실력 키울 수 있다.

한 번 들은 것은 1시간도 지나지 않아 50퍼센트 이상 잊어버리고

하루가 지나지 않아 70퍼센트 이상 잊어버리는 것이 인간의 두뇌다.

가능한 망각의 상태로 가기 전에 반복해야 하는 이유다.

많이 공부한 뒤에 반복하는 것보다

적게 공부한 다음 반복하는 것이 낫고,

책 한 권 다 읽은 후 반복하는 것보다

10쪽 정도 읽은 후 반복하는 것이 나으며,

3, 4일 후에 반복하는 것보다

그날에, 빠르면 쉬는 시간에 반복하는 것이 낫다.

쉬는 시간엔 쉬어야 한다고?

맞다. 3분 복습하고 7분 쉬면 된다.

중요한 것은 밤에 일찍, 그리고 충분하게 잠을 자서

에너지 축적해 놓는 현명함이다.

반복해 익히지 않으면 실력 향상이 어렵다는 사실을 명심해야 한다.

《생활의 달인》이라는 TV프로그램은 반복의 중요성을 일깨워준다.

프로그램의 주인공이 된 비결은 반복이었는데

하나를 덧붙이자면 '생각하면서'였다.

운동선수의 실력 향상의 비결 역시 반복이다.

반복된 연습 없이 실력을 향상시킨 경우는 절대 없다.

하루에도 몇 백 번씩 몇 천 번씩,

그것도 하루가 아닌 한 달, 1년, 10년을 반복한 결과이다.

악기 연주, 노래 부르기, 그림 그리기도 모두 반복이다.
반복 없이 완성되는 것, 잘하게 되는 것은 절대 없다.
공부 역시 반복이다. 국어 어휘도, 영어 단어도, 수학 공식도
반복하지 않으면 자신의 지식으로 만들어갈 수 없다.
사회 지식도, 과학 원리도, 음악 미술의 실력도
반복을 통하지 않고는 자신의 실력으로 절대 만들어낼 수 없다.

게임 잘하는 아이에게 물었다. 어떻게 잘하게 되었느냐고.
오랜 시간 컴퓨터 앞에 앉아있었노라 대답해주었다.
밥도 거른 채, 배고픈 줄도 모르고 모니터를 처다보면서
키보드를 두들겼노라 이야기해 주었다.

예습 시간 빼앗는 사교육

예습이 중요하냐 복습이 중요하냐는 질문이
엄마가 좋으냐 아빠가 좋으냐처럼 어리석은 질문인 이유는
둘 다 중요하기 때문이다.
자동차 앞바퀴도 중요하고 뒷바퀴도 중요한 것처럼 말이다.
그런데 알고 보면 예습이 더 중요하다.
복습은 나중에 할 기회 많지만
예습은 기회가 다시 오기 어렵기 때문이다.
더 중요한 이유는 예습해야만
수업시간에 온전하게 공부할 수 있기 때문이다.

학교 수업시간 7시간은 결코 적지 않은 시간이다.
그런데 상당 수 학생들은 수업시간에
공부하지 않는다.
"수업시간에 공부하지 않는다니, 무슨 말도 안되는 소리야!"
라고 말하는 사람이 많겠지만
실제로 수업시간에 공부하지 않는 학생이 절반 이상이다.
책상 앞에 앉아있긴 하지만 집중하지 못하는 학생이 많고

멍 때리거나 졸거나 딴생각을 하는 학생도 적지 않다.
공부 잘 한다는 아이조차 생각 없이 받아쓰기만 한다.
실제로 수업시간에 공부하는 학생은 너무 적다.

수업시간에 공부하지 못하는 이유는
지식을 쌓겠다는 욕구가 없기 때문이기도 하지만
사교육 받느라 지치고 질렸기 때문이다.
밤늦게까지 학원에 앉아있었는데
시간 가는 줄 모르고 스마트폰 가지고 놀았는데
어떻게 졸리지 않고 피곤치 않을 수 있겠는가?
공부에 흥미 없고 잠 오고 피곤한데
어떻게 즐거운 마음으로 공부다운 공부를 할 수 있겠는가?
복습도 중요하지만 예습이 더 중요하다. 이유는
예습해 놓으면 수업에 집중할 수 있고
수업시간에 온전하게 공부할 수 있지만,
예습해놓지 않으면 수업내용에 대한 이해 부족으로
수업이 재미없어지고 그래서 수업에 몰입할 수 없기 때문이다.

상수도 시설이 좋지 않았던 1960, 70년대에
지하수를 끌어올리는 펌프가 있었는데
그냥 펌프질을 하면 물이 올라오지 않았지만
두 바가지 정도의 물을 부은 다음 펌프질을 하게 되면
물을 쉽게 끌어올릴 수 있었다.
그 두 바가지 정도의 물을 '마중물'이라 하였는데

예습은 공부의 마중물이라 할 수 있다.
물을 얻기 위해 마중물이 필요하듯
수업 내용을 자기 것으로 만들기 위해서도 예습이 필요하다.

예습은 어려운 일이라 하고, 어렵기 때문에 하기 싫다고 한다.
그렇다. 예습은 복습보다 훨씬 어렵다. 그런데 중요한 것은
복습을 하면 10의 보상을 받지만
예습을 하게 되면 100의 보상을 받게 된다는 사실이다.
힘은 들지만 힘든 만큼 효율성이 크기 때문에
힘들지라도 예습하는 것이 좋은 것이다.
영화를 보기 전, 영화관 로비에 놓여있는 브로셔를 1분만 보아도
집중력을 높이고 흥미를 키울 수 있어
영화를 10배 이상 즐기면서 잘 이해할 수 있게 되는 것처럼
10분의 예습은 수업시간의 집중력을 10배 이상 높여준다.

예습을 하게 되면 알 수 있는 것이 있고
긴가민가 하는 것도 있으며 전혀 알 수 없는 것도 있다.
예습을 통해 알 수 있게 된 내용이라면
선생님의 질문에 답할 수 있다는 생각에 기분 좋아질 것이고
긴가민가 하는 내용이라면 확실하게 알고 싶다는 생각에
귀를 쫑긋 세울 것이며
전혀 알 수 없는 내용이라면 알고 싶은 욕심과
선생님께서 어떻게 설명하실 것인가에 대한 기대감 때문에
선생님의 강의에 좀 더 집중할 수 있다.

어떤 경우든 예습은 공부에 집중력을 가져다주고
효율성을 높여주는 중요한 일이 되는 것이다.

예습이 필요하고 중요한 작업이라는 사실은 알겠는데
어렵기도 하거니와 시간도 많이 걸리기 때문에
예습하기가 망설여진다고 이야기하는 아이들이 많다.
맞다. 그런데 중요한 것이 있으니 그것은
완벽하게 알아내는 것이 예습 아니라
모른다는 사실을 확인하는 것만도 예습이라는 사실이다.
시를 완벽하게 해석해내는 것이 예습인 것 아니라
'이런 시도 있었구나.' '어떤 의미일까?' '주제가 무엇일까?'
라는 의심을 품어보는 것도 예습이 될 수 있다.
역사적 사건에 대해 암기하는 것도 예습이고,
원인 결과를 설명할 수 있을 만큼 아는 것도 예습이지만,
'왜 그런 사건이 일어났고 그 결과가 무엇일까?' 라는
의심을 가져보는 것만도 예습이 되는 것이다.

사교육 받는 시간을 예습 복습하는 시간으로 바꾸어야 한다.
사교육 받지 않으면 예습 복습 시간을 확보할 수 있어
실력을 향상시킬 수 있지만
사교육을 받게 되면 예습 복습할 시간을 확보할 수 없어
실력 향상을 기대할 수 없기 때문이다.
사교육으로 예습 복습하면 되지 않겠느냐는 이야기가 들리는 듯한데
그것이 아닌 이유는

스스로 의문을 품지 않고

스스로 고민하지 않고

스스로 익히는 과정이 아니기 때문이다.

사교육이 주는 낭비들

수업에 집중하는 학생이 적다.
선생님들의 열정은 복도까지 넘쳐나는데
자거나 졸거나 멍 때리면서 앉아있을 뿐인 아이들이 너무 많다.
선생님 강의에 귀 기울이며 제대로 공부하는 아이보다
그렇지 못한 아이가 더 많은 현실은 커다란 슬픔이다.

무엇이 학생들을 잠자게 하고
무엇이 학습에 대한 집중력과 흥미를 떨어뜨리는가?
무엇이 학생들의 실력 향상을 방해하고
무엇이 학생들을 무기력에 찌든 바보로 만들고 있는가?
공부를 강요하여 아이들을 지치게 만들었기 때문이고
스스로 할 때까지 기다리지 못하였기 때문이며
탐구 중심이 아닌 암기 위주의 학습 방법 때문이다.
예습할 시간과 생각할 시간을 갖지 못하였기 때문이고
어렸을 때부터 공부만 강요하여 공부를 싫어하도록 만들었기 때문이며
공부를 재미없는 일이라 생각하도록 만들었기 때문이다.
많이 배우게 되면 익힐 시간을 갖지 못하게 되어

오히려 아는 것이 적어진다는 사실에,

밤늦게까지 공부하게 되면 집중력 저하되고 비몽사몽 상태가 되어

오히려 성적이 떨어진다는 사실에,

익히지 않으면 배움도 의미 없는 일이 되고 만다는 사실에,

억지로 하게 되면 흥미와 효율이 떨어진다는 사실에,

자기주도학습이 최고 방법이라는 사실에,

고개 끄덕여주는 사람이 많아지면 참 좋겠다.

어떤 일, 어떤 상황에서든

지나친 것은 하지 않는 것과 같은 결과를 가져온다.

너무 많이 먹으면 배탈이 나는 것처럼,

지나치게 열심히 뛰면

목적지에 도달하기 전 주저앉게 되는 것처럼,

지나친 친절은 오히려 부담과 고통을 주는 것처럼,

너무 많이 배우게 되면 ˊ

스스로 공부할 시간을 가질 수 없게 되고

지치게 되고

흥미를 상실하게 되고 지겹게 되어

오히려 실력을 쌓지 못하는 안타까운 결과를 가져오게 된다.

실력 쌓음은 배움과 익힘이 어우러졌을 때에만 가능하다.

'배움'없이 '익힘'만으로 실력을 향상시키는 것도 어렵지만

'배움'만 있고 '익힘'은 없는 공부 역시

실력 향상으로 절대 이어지지 못한다.

너무 많이 배우게 되면 익힘의 시간 갖지 못하게 되어
실력을 향상시킬 수 없게 된다는 사실,
배우기에만 힘쓰고 익힘에 힘쓰지 않으면
배우나마나 한 결과를 가져온다는 사실을 분명히 알아야 한다.

자기주도학습 능력을 키우지 못한 채 대학생이 되면
대학 공부를 제대로 할 수 없다는 사실도 중요하다.
대학에서의 공부가 진짜 공부이고
대학에서 실력을 쌓아야 하고 싶은 일을 할 수 있는데
정작 대학에서 공부할 수 없다면?
그렇다. 대학에서 공부 잘하기 위해서라도
중 · 고등학생 때 자기주도학습 능력만큼은 길러놓아야 하고
대학에서 공부할 에너지를 비축해 놓아야 하는 것 분명하다.

지치고 지친 몸과 두뇌이다.
몸은 책상 앞에 있고, 눈은 책과 칠판을 오가며,
귀에는 선생님의 이야기가 부딪치지만
두뇌에는 아무 것도 전달되지 못한다.
오히려 가중된 피로가 다음날의 피로로 연결되어
학교에서의 공부도 제대로 못하도록 방해할 뿐이다.
공부만 못하는 것 아니다.
운동 부족과 과로와 스트레스로 몸의 성장이 방해받아
건강에도 문제가 생길 수밖에 없다.
몸도 망가뜨리고 정신도 망가뜨리며

공부까지 방해하는 사교육. 그래도

하는 것이 낫지 않겠느냐는 어리석음이 가슴 답답할 뿐이다.

과유불급(過猶不及)이다.

지나친 것은 미치지 아니한 것과 같다.

공부에서도 절대 예외 아니다.

사교육은 공부도 건강도 미래도 망칠 뿐

10여 년 전만 해도 고속도로에 과속 금지 경고가 많았었는데
언제부터인가 졸음운전 경고가 대부분이다.
교통사고의 가장 큰 원인이 수면부족이라는 경고 메시지이면서
상당 수 현대인이 수면부족에 시달리고 있다는 방증일 것이다.
잠이 보약이라는 말이나
가장 큰 고문은 잠 안 재우기라는 말에 절로 고개가 끄덕여진다.

인간이 잠자지 않고 버틸 수 있는 시간은 3~4일이고
인간의 적정 수면 시간은 7~8시간 정도라 한다.
생명 유지를 위해서는 공기, 물, 음식뿐 아니라
수면 또한 필수 요소라는 이야기이다.
그런데 회식, TV, 스마트폰, 야근, 육아 등에 수면 시간을 빼앗긴
어른들 뿐 아니라
공부에 시달리면서도 스마트폰에 중독되어버린 학생들 역시
절대 수면 부족에 시달리고 있음은
오늘 우리 사회가 해결해야 하는 아픔이고 슬픔이며 과제이다.
학생들의 집중력과 기억력 저하를 가져오는 수면 부족의 주범은

스마트폰과 사교육이다.

잠자야 할 시간임에도

스마트폰으로 채팅하고 게임하고 유튜브 영상을 본다.

시간 낭비, 에너지 낭비일 뿐 아니라

수업시간에 잠과 졸음을 부추기는 주범이다.

쉬고 잠자야 할 시간에 아이들은 학원 안에 갇혀있다.

학생과 학부모는 공부한다고 생각하지만

공부하는 학생은 소수이고 대부분 학생들은 강의 구경만 할 뿐이다.

책상 앞에 앉아 있긴 하지만,

강제로 앉아 있어 짜증나기에, 공부할 의지 없기에

지쳐 피곤하기에, 알고 싶은 욕구 조금도 없기에

앉아있음이 목적이 된 지 오래이기에

실력 향상으로 연결되지 않음은 지극히 당연하다.

실력은 쌓이지 않고, 자존감은 사라져가고

수면 부족으로 짜증나고, 그리하여 몸도 마음도 시들어 가고

친구도 부모도 사회도 원망스러운 상황이다.

사교육은

익힐 시간, 반복할 시간을 빼앗아 공부를 방해하고

수면 시간 부족으로 비몽사몽을 가져와 공부를 방해할 뿐이다.

신체 활동 시간을 없애는 역할까지 하는데

육체 건강을 해칠 뿐 아니라

뇌 활동까지 방해하여,

집중력, 사고력, 암기력을 떨어뜨린다.

공부를 도와주는게 아니라 방해하는 정반대의 결과를 가져올 뿐이다.

사교육에 의존하다가 대학입시에 실패한 학생,
인터넷 강의 믿다가 공부를 망친 학생,
잠자는 시간 줄여서 공부하다 시험을 망친 학생이 정말 많다.
자기주도학습을 하였기에
11시 30분 이전에 잠자리에 들었기에
적당한 휴식과 운동을 하면서 공부하였기에
좋은 결과를 얻은 학생들 정말 많다.
행정고시에 합격한 제자가 찾아왔기에
몇 시간 자면서 공부하였느냐고 물었더니
보통 7~8시간 잤었노라고 자연스럽게 대답하는 것이다.

<u>잠은 보약이다.</u>
<u>공부에서도 잠은 보약 중의 보약이다.</u>
아들딸의 공부에 크게 간섭하지 않았고
공부하라 잔소리 해본 적은 거의 없지만
빨리 자야한다는 것만큼은 강하게 부탁하곤 하였었다.
밤 11시가 되면
"아빠가 아들(딸)에게 부탁이 있는데."라고 말하곤 했었다.
그때마다 아들딸은 언제나
"알았어요. 아빠, 지금 잘게요."라고 대답하곤 하였다.

사교육비 지출은 헛돈 쓰기

수행평가 테마를 '사교육'으로 정한 다음
설문조사 후 보고서를 작성했던 학생이 찾아왔다.
친구들과 후배들을 대상으로 조사한 결과
학생 1인당 평균 사교육비가 58만 원이었다고 말해주었다.
한 달 사교육비 58만 원.
매달 58만 원이면 1년 696만 원.
그것도 평균이니 100만 원 넘게 쓴 학생도 있을 것이고
그렇다면 1년에 1,000만 원.
학생이 2명이라면 2,000만 원.
괜찮은 것인가?
문제 없는 것인가?
정말 어쩔 수 없는 일인가?

이렇게 투자하여 좋은 결과를 얻게 된다면
그래도 슬픔과 괴로움 조금이라도 씻어낼 수 있겠지만
결국은 얻은 게 아무 것도 없다는 사실,
결국은 시간과 돈만 낭비한 결과라는 사실,

알 만한 사람은 다 아는 진실 아닌가?

대학입시를 경험해본 학생이나 학부모와

1시간만 이야기 나누어보아도 확인할 수 있는 내용 아닌가?

괜찮은 것인가? 문제없는 것인가? 정말 어쩔 수 없는 일인가?

수많은 학습법에 관한 책 중 한 권만 읽어보아도

쉽게 확인할 수 있는 진실인 것 분명함에도

왜 이런 엉터리 생각을 아직도 내던지지 못하는가?

사교육으로 성적, 조금 올린 경우가 있긴 한데 그 이유는

잘 가르치는 선생님에게 잘 배웠기 때문 아니라

공부하는 시간이 이전보다 많아졌기 때문이다.

사교육 받은 시간만큼 자기주도학습을 하였더라면

더 좋은 결과를 가져왔을 것이라는 이야기이다.

지난 해 졸업한 대학 1학년이 된 제자가 찾아왔다.

방학에 뭐 할 계획이냐는 질문에 계획 없다고 대답하기에

유럽 배낭여행 다녀오면 어떻겠느냐고 했더니

화들짝 놀라면서 돈이 없노라 하였다.

고등학교 재학 때 사교육비 얼마쯤 썼느냐는 질문에

한 달에 50만 원 넘게 썼으니까 30개월만 잡아도

1,500만 원은 넘었을 것이라 말해놓고서

스스로도 놀라는 것이었다.

유럽 배낭여행 두 번이나 갔다 올 수 있는 돈이라 했더니

고개를 크게 끄덕이면서 안타까워하였다.

아들딸에게 사교육을 시키지 않았던 이유,
제자들에게 사교육 하지 말고
자기주도학습 하라고 강조한 이유는
사교육이 효과 없음을 확신하기 때문이기도 하지만
비싼 사교육비 때문이기도 하다.
사교육비로 고통 받는 것이 안타깝기 때문이다.
돈은 삶의 질을 결정한다.
누구도 돈을 싫어하지 않고 돈에서 자유로울 수 없다.
그럼에도 그 많은 돈을 효과 없는 일에, 아니
바보 만드는 일에 쓴다는 것은 어리석은 일이다.
50만 원짜리 자전거를 샀다고 하면 깜짝 놀라며 부러워하고,
200만 원의 해외가족여행 다녀왔노라 하면
돈 많아서 좋겠다고 부러워하면서,
돈 없어 가족 외식 한 번 제대로 못한다고 죽는소리 하면서
어찌하여 다달이 지출하는 사교육비는 아까워하지 않는 것인지?

묻고 싶다. 우리들이 가지고 있는 지식,
배워서 얻은 지식인지,
아니면 책 읽으며 스스로 탐구하고 익혀서 얻은 지식인지.
부탁한다. 대학교에 가서 대학생들을 붙잡고
사교육이 과연 효과가 있는지 조사해보라고.
100여 명을 조사해본 후에
사교육 할 것인지 말 것인지 결정하라고.
옆집 아줌마나 사교육 관계자의 이야기 듣고 결정하지 말고

학습법에 대해 연구했던 사람,

고등학교에서 입시를 지도했던 교사,

대학입시를 직접 경험한 대학생들 이야기를 듣고 결정하라고.

"있는 돈 없는 돈 몽땅 털어서 공부시켰더니."

"모든 것을 포기하고서 학원에 보내놓았더니."

"빚내서 과외시켜 주었더니."라는 말은

스스로의 어리석음을 인정하는 말일 뿐이다.

사교육비로 지출하는 돈을

외식비, 여행비, 문화생활비로 지출하면 커다란 행복을 얻을 수 있다.

그리고 그 행복 기운으로 공부도 잘해낼 수 있다.

마당 쓸고 돈 줍고, 도랑 치고 가재 잡고, 꿩 먹고 알 먹고

일석이조, 일거양득 아니겠는가?

공부는 과연 선생이 시켜줄 수 있을까

공교육에 문제가 많고,

그래서 사교육을 하지 않을 수 없다는 이야기를 자주 듣는다.

무슨 근거로 그런 말을? 공교육에 무슨 잘못이 있다고?

학교가, 학교 선생님들이 무엇을 잘못하였는가?

사교육 없이 가고 싶은 대학, 원하는 학과에 입학한 학생도

그렇게 이야기하던가?

그 어떤 학원,

실력이 뛰어나다는 선생님들로 가득 찬 학원에 다니는 학생은

모두 가고 싶은 대학, 원하는 학과에 입학하였는가?

SKY 대학 입학 정원은 정해져 있고

인기 학과 정원도 정해져 있어

누군가는 반드시 떨어져야 한다는 사실 정말 모르는가?

진심으로 학교에 감사하는 학생 학부모 많고

진심으로 학교 선생님께 감사해하는 학생 학부모 많다는 사실은

왜 모른 척 하는가?

실력도, 열정도, 의지도 충분한 선생님들이 학교 현장에 정말 많다.

학생이 다가와주기만 하면 열심히 최선을 다해 가르치고
올바르게 인도할 능력도 자세도 갖추신 선생님들이 적지 않다.
그런데 학부모님들이 못 미더워한다.
아이들은 선생님을 믿고 따라주려 하는데
부모들이 아니라고 하면서, 학교를 믿지 못하겠노라 하면서
더 나은 방법 있을 것이라 큰소리치면서 여기 저기 기웃거리다
결국 엉터리 방법만 찾고
또 그것을 자랑스럽게 생각한다.
싹을 빨리 자라게 하려는 욕심으로 싹을 뽑아 올려서
결국 식물을 죽여 버렸다던
'알묘조장(揠苗助長)'의 주인공인 어리석은 농부처럼
조바심으로, 성급한 욕심으로
교육을 망쳐버리는 학부모님들이 적지 않다.

'내 자식만은'을 중얼거리면서 이곳저곳 두리번거린다.
실력이 제자리걸음이고 성적이 보잘 것 없는 이유를
잘못된 습관, 약한 정신력, 호기심 부족, 노력 부족에서 찾지 않고
공교육에 책임을 돌리고 학교와 교사를 원망한다.
그리고 또, 어차피 상대평가라는 사실,
아무리 잘 가르쳐도 누구는 1등급, 누구는 9등급이라는 사실,
아무리 못 가르쳐도 1등급, 9등급으로 나뉜다는 사실 모른 척 한다.
세계에서 가장 잘 가르치는 선생님을 모셔온다 할지라도
누군가는 8등급 9등급을 받아야만 한다는 사실 생각 못한다.
잘 가르치는 선생님에게 배우게 되면 공부 잘하게 될 것이라는

엉터리 생각만 있을 뿐이고,

많이많이 배우게 되면 실력이 향상될 것이라는

어리석은 판단만 있을 뿐이다.

배우는데 시간을 많이 사용하면 익힐 시간 갖지 못한다는 사실이나

사교육 때문에 집안 경제가 힘들어진다는 사실은 애써 외면하려 든다.

학교 수업에 충실하고 자기주도학습이어야 한다는 사실 애써 무시하며

항상 제자리걸음인 성적표를 들고

더 비싸고 더 유명한 선생님을 만나야 한다면서 동분서주한다.

공교육에 문제가 없는 것은 물론 아니다.

100점짜리 제도, 완전한 작전, 완벽한 시스템 없는 것처럼

공교육 역시 부족한 점 많고, 적잖은 문제 안고 있으며

교사 역시 더 많이 분발하고 노력해야 한다는 사실 인정한다.

그렇다고 해서 사교육이 대안인 것은 절대 아니다.

학교에서 공부 안 하는 아이가

학원에서는 공부 열심히 하는 것이 결코 아니니까.

학교에서 종일 공부하지 않고 멍한 상태로 앉아있던 아이가

학원에서는 열심히 공부할 것이라 생각하는 자체가 웃기는 일이니까.

시골에서 공부 못하는 아이가 도시에 간다고

공부 잘하게 되는 것 아닌 것처럼

우리나라에서 공부 못하는 아이가

유학 가면 공부 잘하게 되는 것 아닌 것처럼

학교나 집에서 공부 안 하는 아이가

잘 가르치는 선생님 만난다 해서 공부 잘하게 되는 것이 아니라는 사실

확실하게 알아야 한다.

이런 경험이 있지 아니한가?
소풍 가서 돗자리 펼 장소를 찾는데,
멀리 있는 곳의 잔디가 좋게 보여 가보았더니 마땅치 않고,
다시 저 멀리에 있는 잔디가 좋아 보여서 그리로 가보았더니
또 마땅치 않아 이리 저리 헤매다
결국 원래 자리로 되돌아왔던 경험
오랜 시간 헤매면서 시간과 에너지만 낭비하고 말았던 경험
혹시나 했는데 역시나 했던 경험
멀리 있는 것이 좋아 보였는데 별 볼일 없었던 경험 말이다.
'서툰 목수 연장 탓한다'
'가까운 무당보다 먼 데 무당이 용하다' 는 속담,
한번 음미해볼 수 있으면 좋겠다.

학부모, 학생들로부터 가장 많이 듣게 되는 이야기 중 하나는
기초가 부족하기에 사교육 할 수밖에 없다는 말이다.
기초가 있어야 그 기초 위에 뭔가를 쌓아올릴 수 있다는 주장,
얼핏 들으면 옳은 말이라 생각되어 고개를 끄덕이지만
학생들의 학습에서는 정답이 아님을 알아야 한다.
기초가 단단하면 좋은 것은 사실이지만
부족할지라도, 부족하면 부족한대로
수업에 적극적으로 참여하는 것이
그래도 가장 현명한 방법이다.

기초 부족해도 이해할 수 있는 수업 내용 많기 때문이고

사교육으로 아니라 책으로도 기초 충분히 쌓을 수 있기 때문이다.

기초 닦는 동안에도 학교 진도는 계속되기 때문이고

선생님 설명 내용에서 시험 문제가 출제되기 때문이다.

기초 닦은 다음에 수업 잘 듣겠노라는 아이들이 있다.

웃기지 않는가?

공부 시간 중 가장 많은 시간이 학교 수업시간인데

기초 부족을 이유로 학교 수업시간에 선생님 강의를 듣지 않으면

수업시간에 무엇을 하겠다는 것인지.

수업시간에 공부하지 않으면 그 공부는 언제 하겠다는 것인지.

사교육으로 기초만 닦다가

정작 시험에 나오는 내용을 공부하지 못한 채

시험을 치러도 괜찮은지?

기초 닦다가 대학입시가 끝나버리면 낭패 아닌가?

"네가 기초 닦을 동안 학교에서는 진도 나가지 않을 테니

 학원에서 기초 닦아오너라."라고 말하는 선생님은

세상에 없다는 것, 상식 아닌가?

그럼, 기초 실력이 부족한 아이는 어떻게 해야 하느냐고?

그래도 가장 현명한 방법은

수업시간 전에

예습을 통해서 기초를 닦아 수업에 적극적으로 참여하는 것이다.

욕심 부리지 말고, 포기하지도 말고

예습을 통해 작은 지식이라도 쌓아놓게 되면

기초 없는 학생도 충분히 수업에 참여할 수 있고 성장할 수 있다.
기초가 없어서 수업 받기 힘들다는 말은 변명인 경우가 많다.
기초가 없을지라도 예습을 통해 수업을 준비하게 되면
대부분의 학생은 즐겁게 수업에 참여할 수 있게 된다.

'열심히'는 필요조건일 뿐 충분조건은 아니다.
'올바르게'가 더해져야 필요충분조건이 된다.
열심히 했음에도 결과가 좋지 못함은
본인에게 뿐 아니라 주위 사람들에게도 안타까움을 주는데,
안타까워하고 슬퍼하기 이전에
공부 방법에 대해 다시 한 번 고민해보는 것이 좋다.
축구에서 강하게 차는 것보다
골키퍼의 손이 닿지 않을 공간에 정확하게 차는 것이 중요한 것처럼
테니스경기에서 세게 치는 것보다
빈 공간으로 보내야 점수 얻어낼 수 있는 것처럼
공부 역시 '열심히' 보다 '올바른 방법'이 더 중요하다.

같은 선생님에게 같은 시간 동안 같은 내용을 배웠음에도
학생들 실력은 각기 다르다는 사실에
고개를 끄덕일 수 있으면 좋겠다.
공부는 선생이 시켜줄 수 없는 일이라는 사실,
공부는 학생이 해야 하는 일이라는 사실
같은 선생님에게 같은 시간 같은 내용 배웠음에도
실력이 각기 다르다는 사실에

3장 사교육, 꼭 받아야 하나

모두 고개를 끄덕여준다면 참 좋겠다.

차범근, 박지성, 손흥민에게 축구를 배우게 되면
누구라도 축구 잘하게 되는 것은 아님을 아는 지혜
학생 학부모님들께서 알아야만 하는 지혜가 아닌가?

말에게 물 먹일 능력?

공부의 주체를 선생이라고 착각하는 사람들이 많다.
잘 가르치는 선생에게 배우게 되면
실력이 더 많이 그리고 더 빠르게 향상되리라 착각하는 사람들이
많아도 너무 많다는 말이다.
같은 교실에서, 같은 선생님에게, 같은 시간에 배웠음에도
실력은 제각각이라는 사실을 왜 깨닫지 못하는 것인지.

"이왕이면 잘 가르치는 선생님에게 배우는 것이 낫잖아요."
라며 볼멘소리 하는 사람 많은데
이 말에 절대 동의할 수 없는 이유는
잘 가르치는 선생님 있고 못 가르치는 선생님 있는 것은 맞지만
잘 가르치는 선생님에게 배운다고 하여 많이 알게 되고
잘 알게 되는 것 아님을 자주 확인하였기 때문이고
못 가르치는 선생님에게 배웠다고 하여
실력이 보잘 것 없는 경우를 보지 못했기 때문이다.
예쁨도 미움도 자기하기 나름인 것처럼
공부 잘하고 못하고도 학생 하기 나름임을 알아야 한다.

미국의 어떤 대학에서 같은 수준의 학생들을 두 개 반으로 나누어
한 반은 잘 가르친다는 유명 교수에게 배우도록 하였고
한 반은 가르친 경험 거의 없는 젊은 조교에게 배우도록 하였단다.
그리고 한 학기가 지난 다음에 시험을 치렀는데
잘 가르치는 교수에게 배운 반 학생들의 성적이
조교에게 지도받은 반 학생들의 성적보다 훨씬 나빴단다.
잘 가르치는 교수에게 배운 반의 학생들은
'교수님이 잘 가르쳐주니까 나는 교수님 강의를 듣기만 하면 돼.'
라고 생각하였고,
교육 경력이 짧은 조교의 지도를 받은 반의 학생들은
'조교에게는 배울 것 별로 없을 거야. 그것으론 부족해.
어쩌면 조교가 가르친 것이 옳지 않을 수 있어.
조교만 믿다간 낭패 당할 수 있어'
라는 생각으로 열심히 탐구하고 학습하였기 때문이었으리라.

실력 있다고 소문난 A선생님에게 배운 반이나
실력 없다고 소문난 B선생님에게 배운 반이나
성적에 차이가 없음을 자주 확인하곤 하였다.
어느 해에는 A선생님께 배운 반의 성적이 좋았고
어느 해에는 B선생님께 배운 반의 성적이 좋았음도 확인하였다.
실력 있다고 소문난 A선생님이 가르친 반의 성적이
실력 없다고 소문난 B선생님에게 배운 반의 성적보다
나쁜 경우도 적지 않았다.
교사의 실력과 학생 성적 사이에는 어떤 공식도 만들어지지 않았다.

배운다고 알게 되는 것이 아닌 것처럼
잘 배운다고 잘 알게 되는 것 아니다.
정말로 실력을 쌓게 하고 싶다면
많이 배우라 하지 말고
스스로 열심히 읽고 이해하고 생각할 수 있는 시간,
고민할 수 있는 시간을 많이 갖도록 해야 한다.

스스로 읽고 탐구함으로써 내용에 대해 이해하려 하기보다
선생님에게 배우려고만 한다.
스스로 글을 읽고 자료를 분석하여 자기 생각으로 정리하기보다
멍하니 앉아서 선생님의 설명을 들으며 받아쓰기에 바쁘고
이해하려는 노력 없이 무조건 암기하겠다고 덤빈다.
자기주도학습을 하는 아이들조차도
시간을 투자하여 탐구함으로써 스스로 알아내려하기보다
자습서나 해설집을 봄으로써 쉽게 얻으려 한다.
그렇기 때문에 글을 읽기는 읽어도
그 뜻을 모르는 경우가 발생하는 것이고
자기가 읽은 글의 의미를 이해하지 못하면서도
이해한 것으로 착각하게 되는 것이다.
설명을 듣지 않고는 내용 요약도 못하고 주제 파악도 못하는,
혼자 힘으로는 아무 것도 못하는 바보가 되어가는 것이다.

스스로 탐구해 보지 않고 스스로 낑낑대는 시간 갖지 못하고
강의 듣고 부리나케 자습서 들춰보고 고개를 끄덕거리는 것으로

140

공부를 마무리하겠다는 자세로는 절대 실력 향상 불가능하다.

자습서나 해설지에 의존하는 것보다 더 큰 잘못은

잘 가르치는 선생님께 배워야만 잘 알 수 있게 된다는 생각이다.

쉽게 얻은 것은 쉽게 잃어버리게 되는 세상 이치를 알아야 하고

탐구하고 또 탐구하게 되면 알 수 있게 된다는 사실도 알아야 한다.

마마보이에 이은 티쳐보이,

21세기 대한민국의 교육의 안타까운 현주소이다.

학이시습지불역열호(學而時習之不亦說乎)라 하였고

학이불사즉망(學而不思則罔)이라고도 하였다.

'배우고 때때로 그것(배운 것)을 익히면 또한 기쁘지 아니한가?'

라는 의미이고

'배우긴 하지만 생각함이 없으면 곧 망하게 된다.'는 의미다.

그러함에도 '배움(學)'에만 시간을 투자할 뿐

'익힘(習)' '물음(問)' '생각하기(思)'에는 인색하기 그지없다.

익히는 시간 없이, 머리를 쥐어짜는 수고로움 없이,

생각하는 시간 투자 없이는 그 어떤 지식이나 지혜도

자기 것으로 만들 수 없다는 평범한 진리를 믿어야 한다.

대한민국 학생들의 지적 능력은 어느 정도일까?

모든 것을 팽개치고 공부한 실력은 어느 정도일까?

OECD가 주관하는 국제학업성취도평가(PISA)에서 매번

상위 성취 기준을 보였다고 기뻐하는 사람이 많고

이를 자랑스럽게 생각하는 사람도 많지만, 사실은

마라톤경기 5킬로미터 지점에서 헉헉거리며 1등 하였노라 외친 후에
더 이상 뛸 힘 없다며 주저앉아버리는 어리석음임을 알아야 한다.
아울러, 투자 대비 소득을 생각하면
결코 자랑할 만한 결과가 아니라는 사실까지 알아야 한다.

대한민국 중고생들은 정말 편한데
앉아있기만 하면 되기 때문이다.
학교에서 앉아있고, 학원에 가서 앉아있고, 컴퓨터 앞에 앉아있고
과외선생님 앞에 앉아있기만 하면 되기 때문이다.
머리 써서 무엇인가를 집어넣거나 끄집어내지 않아도 되고,
문제 해결을 위해 머리 쥐어짜지 않아도 되며,
생각 없이 받아쓰기만 하면 되기 때문이다.
졸리면 졸고 잠이 오면 자도 되기 때문이고
과제도 참고서나 인터넷에서 베끼거나 짜깁기하면 되기 때문이다,
선생님이 질문하면 모른다고 대답하기만 하면 되기 때문이고,
발표하라 하면 나중에 하겠다고 이야기하면 되기 때문이다.
모든 선택은 부모님 선생님이 해주기에
자신은 고민할 필요 없기 때문이고
주어진 시간표에 따라 책을 펼치기만 하면 되기 때문이며
시키는 대로 왔다갔다만 하면 되기 때문이다.
생각 없이 책상 앞에 앉아있기만 하면 되는 대한민국의 중고생들,
얼마나 편안한가? 부럽지 아니한가?
그런데 그런데 또 얼마나 불쌍하고 이 얼마나 안쓰러운가?

3장 사교육, 꼭 받아야 하나

과제하기는 공부하기 아니다

영어 단어를 반복해서 종이에 쓰고 있는 아이에게 다가가
"지금 쓰고 있는 단어가 무슨 의미냐?"라고 물으니
대답 못한 채 머리만 긁적였고
무엇하고 있느냐는 질문에 과제하는 중이라고 이야기하였다.
선생님은 공부시키려는 목적으로 과제를 내주었지만
아이는 실력 쌓기가 아닌 과제를 위한 과제만 하고 있었던 것이다.

과제하기는 공부하기가 아님에도
과제하기를 공부하기로 착각하는 아이들이 있다.
과제하기가 공부가 될 수도 있지만
대부분의 중고생들에게 과제하기가 공부하기가 아닌 이유는
아무 생각 없이 베껴 쓰기만 하는 경우가 대부분이기 때문이다.
과제를 위한 과제, 검사 받기 위한 과제,
점수 받기 위한 과제인 경우가 많다.
과제를 하긴 하였는데 끝낸 뒤 1분이 지나지 않았음에도
자신이 한 과제 내용을 모르는 경우가 많다.
참고서나 인터넷을 베끼고 친구 것을 옮겨 적는 일은

시간과 에너지 낭비일 뿐 실력 향상으로 연결되지 않음에도
대부분의 아이들은 '나는 공부했다'는 착각을 한다.

시간에 쫓기면서 여유 없이 하는 일이
완성을 가져오기 어려운 것처럼
쫓기면서 하는 과제 역시
지식이나 지혜 키우는데 전혀 도움이 되지 않는다.
쫓기면서 하는 과제는 과제를 위한 과제일 뿐이고
시간 낭비일 뿐이며
거짓 지식만 쌓게 만들 뿐이다.
과제하는 모습을 보고 미소 짓지 않으면 좋겠고
결과물 보면서 대견해하거나 칭찬하지 않았으면 좋겠다.
노트나 책에 적는다고 자신의 지식이 되는 것 아니기 때문이고
보지 않고 설명해줄 수 있는 것만을
자신의 지식이라 할 수 있기 때문이다.

일찍이 공자는
"지지위지지 부지위부지 시지야(知之爲知之 不知爲不知 是知也)."
라고 말씀하셨는데 이는
"아는 것을 안다고 하고, 모르는 것을 모른다고 말하는 것,
이것이 진정으로 아는 것이다."라는 의미이다.

과제라도 하는 것이 노는 것보다 낫지 않겠느냐고
이야기하는 사람이 많을 것 같은데

차라리 놀게 하는 것이 나을 수 있다고 말하고 싶다.
노는 시간이 있어야만 공부도 할 수 있게 되기 때문이고
많이 놀았으니 이제는 공부해야한다고 생각할 수 있기 때문이다.
과제하기를 공부하기가 아닌
시간 낭비, 에너지 낭비일 수 있다는 생각을 할 수 있어야 한다.
과제 없어야, 여유 가지고 깊이 생각할 수 있고 독서도 할 수 있으며
예습도 할 수 있고 복습도 할 수 있다.
과제 할 시간에 예습해야 수업에 흥미 가지고 집중할 수 있고
과제 할 시간에 복습해야 완전한 앎에 도달할 수 있다.
과제하기가 공부인 학생이 없지는 않지만
극히 적다는 사실 알아야 한다.

머리에 저장된 것만 진정한 지식인데
종이에 적어서 검사 받는 과제의 대부분은
머리가 아닌 노트에 적는 지식일 뿐이기 때문이고
아무 생각 없이 베껴 쓰는 과제는 시간 낭비일 뿐이기 때문이다.
도움이 되는 과제, 의미 있는 과제가 없는 것 아니다.
활동 보고서 쓰기나 감상문 쓰기 과제
쪽지시험을 준비시키는 과제
탐구하여 발표하도록 하는 과제 등이 그것이다.

가짜 정보에 부화뇌동하지 않기

악화(惡貨)가 양화(良貨)를 구축한다는 말이 있는데
영국의 재정가 그레셤(Thomas Gresham)이 처음 이야기했다 해서
'그레셤법칙'이라고도 한다.
'나쁠 악(惡)' '돈 화(貨)'의 '악화(惡貨)'는
'나쁜 돈', 그러니까 '은(銀) 함량이 적은 돈'을 일컫고,
'좋을 양(良)'의 양화(良貨)는
'좋은 돈', 그러니까 '은(銀) 함량이 많은 돈'을 일컫는다.
'몰 구(驅)' '쫓을 축(逐)'의 '구축(驅逐)'은 몰아서 쫓아낸다는 의미다.
나쁜 돈이 좋은 돈을 시장에서 쫓아낸다는,
나쁜 돈은 시장에서 유통되지만
좋은 돈은 금고로 들어가 유통되지 않게 된다는 이론이다.
정품은 판매되지 않고 복사품이나 짝퉁이 더 많이 판매되는
이상한 현상을 일컬을 때 사용하는 말이다.
말이 안 될 것 같고 거짓말 같지만 틀리지 않는 이야기임은
잠깐 주위를 둘러보기만 해도 확인하는 것이 어렵지 않다.
나쁜 물건이 오히려 좋은 물건을 몰아낸다는 이 논리는

좋지 않는 학습법이 오히려 좋은 학습법을 몰아내고 있는
오늘날 우리 교육의 현실을 그대로 나타내는 말이기도 하다.

좋은 사람들만 살고 있는 세상이 아닌 것처럼
올바른 정보만 돌아다니는 세상도 아니다.
그럼에도 사람들은 모든 정보를 진실인양 믿어버리고
엉터리 정보가 옳은 정보를 몰아낸다는 사실을 알지 못한다.
잘 가르치는 선생님에게 배워야 성적이 향상된다는 이야기,
비싼 사교육비를 지불해야만 실력을 키울 수 있다는 이야기,
대학입시는 정보 싸움이라는 이야기,
영어는 어렸을 때 배워야 효과가 크다는 이야기,
선행학습을 받아야 공부 잘할 수 있다는 이야기,
사당오락 등 교육에 관한 상당 수 이야기는
엉터리 이야기이고 가짜 뉴스이다. 그럼에도 안타깝게도
많은 사람들은 이러한 거짓 정보를 진실인 양 받아들인다.

처음부터 끝까지 가짜인 경우도 있지만
부분만 가짜인 경우,
진짜와 가짜가 섞여있는 경우도 많다.
무조건 믿지 말아야 하고
자신이 적극적으로 알아보고 따져보고 고민해서 결론을 내려야 하며
가짜라는 판단이 서게 되면
미련 없이 과감하게 던져버릴 수 있는 용기까지 있어야 한다.
심지 않고 거둘 수 있는 것 없고,

땀 흘리지 않고 얻을 수 있는 것 없는 것처럼

실력 역시 땀 흘리지 않고 쉽게 쌓을 수 있는 방법은 없다.

몇 천 번 넘어지기를 반복해야만

비로소 스스로 설 수 있는 어린 아이처럼

넘어지고 깨어지고 부숴지는 과정을 거쳐야

온전하게 실력 쌓을 수 있다.

쉽게 실력을 쌓으려는 욕심은 도둑의 심보다.

남의 물건 훔치는 사람만 도둑이 아니고

땀 흘리지 않고 쉽게 실력을 쌓으려는 사람도 도둑이다.

실력 있고 잘 가르치는 선생님이 있는 것은 사실이지만

아무리 실력이 뛰어나고 훌륭한 교수법을 지닌 선생님일지라도

공부에 시간을 투자하지 않는 학생,

공부하겠다는 의지가 부족한 학생의 실력까지 키워줄 수는 없다.

어떤 선생님의 강의 듣기만 하면 성적을 올릴 수 있다는,

어떤 학원에 다니기만 하면 성적을 올릴 수 있다는,

좋은 정보만 있으면 원하는 대학 갈 수 있다는 가짜 뉴스에

이제부터라도 흔들리지 않아야 한다.

가짜 정보에 귀 기울이지 말아야 하고,

남들이 장에 간다 할지라도 따라가지 말아야 한다.

<u>스스로</u> 한다는 것

사교육을 걱정하고 자기주도학습을 강조하는 사람 중에도
한 두 과목 정도의 사교육은
괜찮다고 이야기하는 사람이 있다.
진심으로 그렇게 생각해서인지,
너무 강하게 하지 말라고 하면
반발심이 생겨 더 많은 사교육을 하게 될까 걱정하여
그렇게 이야기하는 것인지 모르겠지만
절대 그렇지 않은 것이라고 단호하게 말하고 싶다.
중 · 고등학교 교과 과목 중에 스스로 탐구하여
이해하지 못할 만큼 어려운 내용은 없기 때문이고
엄청 복잡하고 어려운 학문을 하는 것도 아니기 때문이다.
무슨 근거로 혼자 탐구하는 것으로는 부족하다고 이야기하는가?
시간이 걸릴 수는 있지만 책과 씨름하다보면
혼자서 충분히 해결할 수 있고
그렇게 시간 들여 씨름하고 머리 쥐어뜯으면서 터득한 실력이라야
진짜 실력이 되는 것이다.
우리 교육에서 가장 안타깝고 답답한 점은

아이들이 스스로 알아내려는 노력을 하지 않는다는 점이다.

해결할 의지를 갖지 못한다는 점이고

의문을 품지 않는다는 점이다.

질문할 줄 모른다는 점이다.

아이들 스스로 알아내려 노력하지 않고 해결 의지도 없으며

의문을 품지 못하고 질문하는 능력을 상실해버린 이유는

스스로 할 수 있는 기회를 빼앗아버린 어른들 때문이다.

가르침 중심 교육으로 배우는 일에만 익숙하게 만들었고

스스로 탐구할 시간과 기회를 갖지 못하도록 만들었기 때문이다.

의문은 탐구하는 과정에서 나오는 것이고

실력도 탐구 과정에서 키워지는 법인데

탐구 과정을 갖지 못하니 의문이 생기지 않게 되고

의문이 없으니 실력도 자라나지 않게 되는 것이다.

아이들의 질문에 곧바로 대답해주지 않는 선생님이 계셨다.

어디까지 생각해보았고 어떻게 생각하였는지를 확인하였고

스스로 한 번 더 탐구해볼 것을 명령하였다.

스스로 한 번 더 고민하였음에도 잘 모르겠다면

그때 다시 찾아오라 이야기한 후 돌려보냈다.

그런데 희한하게도, 지금 생각하니 당연하게도

대부분의 학생들은 웃으며 다시 찾아와

스스로 해결하였노라 이야기해주곤 하는 것이었다.

스스로 탐구하도록 도와주는 것이 올바른 가르침이고

스스로 익히고 고민할 기회 주는 것이 올바른 교육이다.

배운다고 해서 알아지는 게 아니고
스스로 고민하고 연구하고 머리 쥐나는 과정을 거쳐야만
확실하게 알 수 있고 많이 알 수 있다.
고민하고 연구했음에도 도저히 알 수 없게 되었을 때
참고서적을 살펴보아도 절대 늦지 않다.
참고 서적으로 이해가 안 된다면 친구와 토의해보도록 하고
그래도 알 수 없을 때에 선생님께 질문하면 된다.
사교육, 단 한 과목도, 단 한 시간도 필요 없다.
아무리 어려워도 책으로 충분하고 학교 공부로 충분하다.
친구와 함께 고민해 보고, 그것으로 해결 안 되었을 때
선생님께 질문하여 해결해도 부족하지 않다.

스스로 연구하고 또 연구하여 해결함이 가장 좋은 방법이다.
오늘 안 되면 내일, 내일도 안 되면 모레,
모레 안 되면 다음 주에 해결하면 된다.
시간 낭비 아니냐고?
절대 시간 낭비가 아니고 진짜 공부인 이유는
더디 가는 것이 사실은 빨리 가는 경우가 많기 때문이다.
열 개 대충 아는 것은 하나도 모르는 것이고
세 개 정확하게 아는 것은 진짜 세 개를 아는 것이기 때문이다.

사교육 효과는 중학교까지

사교육 덕분에 성적 올릴 수 있었다는 말, 일정부분 인정하지만
그것이 중학교 때까지일 뿐이라는 사실이다.
사교육이 중학교 성적을 올려줄 수 있는 이유는
중학 과정까지의 공부에서는
사고력 없이 단순 암기만으로 문제 해결이 가능하기 때문이다.
중학교 교육과정에서는 사고력이 크게 필요하지 않기에
강의 듣는 것만으로 지식 습득이 가능하지만
고등학교 교육과정에서는 사고력이 반드시 필요하기에
스스로 생각하는 능력이 없다면 절대 실력을 키울 수 없는 것이다.
고등학교 이상의 교육 과정에서는
강의 듣는 것만으로는 절대 실력을 키워갈 수 없다.

공부는 마라톤이다.
10킬로미터 지점에 도착한 순서로 등수를 결정하지 않고
42.195킬로미터 결승선에서 순위로 등수를 결정한다.
10킬로미터까지 지나치게 열심히 달린 후에
기권하거나 쓰러져버리는 선수는 보는 이를 안타깝게 만든다.

42.195킬로미터 경기인데 5킬로미터 지점에서 1등하였다는 이유로
샴페인을 터트릴 수는 없지 않은가?
중학교 때 사교육을 받아 성적이 조금 올랐다는 이유로
사교육 효과 운운하면서 고등학교까지 이어가는 것은
영아 때에 모유만 먹고도 잘 자랐다는 이유로
7, 8살 때까지도 계속 모유만 먹이겠다는 어리석음인 것이다.

중학교까지는 사교육의 효과가 있지만
고등학교 과정에서는 사교육의 효과가 없다는 말은 결국
사교육은 중학교에서도 절대 필요 없다는 이야기이다.
중학교 때의 습관이 고등학교로 이어지면 안 되기 때문이다.
자기주도학습이 이루어지지 못하고 사교육에 의존하게 되면,
그래서 그것이 습관이 되어버리면
영영 자기주도학습을 하지 못하게 되기 때문이다.
중요한 것은 고교입시가 아니라 대학입시이고
아니, 대학입시가 아니라 대학에서의 공부,
대학 졸업 이후 자신이 하고 싶은 일을 하는 것이기 때문이다.
사교육으로 고등학교 대학교에 진학하게 되면
이전에 자기주도학습 능력을 길러놓지 않았기에
대학 입학 이후의 공부가 어려울 수밖에 없다.
그때 흘리게 될 눈물을 어찌할 것인가?
사교육은 결국
하나를 얻고 열을 잃게 되는 결과를 낳을 뿐이다.
고기도 먹어본 사람이 잘 먹는 것처럼

자기주도학습을 해본 사람이 대학에서의 공부도 잘할 수 있다.

초등학생 때부터 자기주도학습 해야만 하는 분명한 이유다.

대학 입학 이후가 더 중요하다는 사실을 안다면,

아들딸을 바보로 만들고 싶지 않다면,

자랑스러운 아들딸로 성장시키고 싶다면 지금 당장

자기주도학습 훈련을 하여야 한다.

<u>공부는 지식을 쌓는 것에도 목적이 있지만,</u>

<u>사고력, 추리상상력, 인내력을 향상시키는 것에도 목적이 있다.</u>

과거 사법시험에 합격한 제자는

사법고시가 어려운 이유를 설명하면서

법률에 관한 지식이 필요하기 때문이기도 하지만

인내력을 키우는 것에도 이유가 있다고 이야기해 주었다.

법조인은 많은 관련 서류를 꼼꼼히 읽어야 하고

정확하게 판단해야 하며

조서와 사유서와 판결문 등을 올바르게 써야 하는데

책상 앞에 오랜 시간 앉아있을 인내심 없거나

서류를 검토하고 작성할 체력이 없다면

판사 검사 변호사 역할을 감당할 수 없다고 하였다.

공부하는 과정에서 길러지는 사고력, 추리상상력, 인내력 등도

지식만큼 중요하다는 이야기였다.

3장 사교육, 꼭 받아야 하나

책보다 훌륭한 스승이 있을까

사교육 하지 말고 자기주도학습 하라는 충고와

사교육은 오히려 공부를 방해하는 것이라는 주장에

가장 많이 되돌아오는 대답은

자신이 가르쳐줄 능력이 없기 때문에 어쩔 수 없다는 이야기였다.

배워야 알 수 있게 된다는,

배우지 않으면 알 수 없게 된다는 생각 때문인 것 같은데

거듭 이야기하지만 배워야 알게 되는 것 절대 아니다.

스스로 생각하고 연구하고 반복해서 익혀야만

실력이 키워지는 것이다.

배움만으로는 절대 실력 쌓을 수 없고

스스로 생각하고 탐구하고 익혀야만 실력을 쌓을 수 있다.

그렇기 때문에 설령 부모가 가르칠 능력이나 시간이 있다 할지라도

절대 가르치려 해서는 안 된다.

가르치는 행위는 스스로 공부할 시간,

스스로 생각하고 탐구하고 두뇌 훈련할 시간을 빼앗아,

공부를 망쳐버리게 되는

의도치 않는 결과를 가져오게 되기 때문이다.

또 하나의 이유는 부모가 자식을 가르치려다 보면 화가 나게 되고
감정을 조절하지 못하게 되어
공부도 망치고 관계도 깨질 수 있기 때문이다.
어떤 일이든 즐거운 마음이어야 좋은 결과를 낼 수 있는데
가르치는 부모가 답답해하면서 짜증 내고 야단 치게 되면
배우는 자녀는 서운하고 주눅 들고 분노가 솟구치게 되어
공부할 수 없게 될 뿐 아니라 부모 자식 간 관계까지 어그러진다.
맹자가 말하기를
"자식을 직접 가르치는 것은 어려운 일이니 남의 자식과
 바꾸어 가르치는 것이 좋다."
라고 말했던 이유가 여기에 있었을 것이다.

배움은 학교에서 선생님에게 배우는 것으로 충분하기에
더 이상 배우도록 해서는 안 된다.
배움 다음에 익힘이 없다면 배움도 의미 없게 되기 때문이고
익힘이 뒤따르지 않는 배움은 모래 위에 지은 집이기 때문이다.
그런데 안타깝게도 대한민국의 부모들은 가르치려고만 하고
대한민국의 아이들은 배우려고만 한다.
학교에서의 배움으로 만족하지 못하여 학원선생님에게 배우고
그것으로도 만족하지 못하여 과외선생님에게 배우고
그것도 부족하다고 생각하여 인터넷 강사에게 배운다.
배우기만 하면 알 수 있을 것이라는 어리석음 때문이기도 하지만

3장 사교육, 꼭 받아야 하나

배우는 것이 가장 편하기 때문 아닐까 하는 생각도 해본다.

배우는 일처럼 편안한 일이 있을까?

가만히 앉아 있기만 하면 되니까.

아이들은 '아는 것 같은 것'을 '아는 것'으로 착각하고

부모들은 부모 역할을 다하였노라며 스스로를 애써 위로한다.

실력 향상 없이 시간은 흘러가고 돈은 낭비되며 한숨은 깊어간다.

수학선생 아들딸 중 수학 못하는 경우 적지 않고

영어선생 아들딸 중 영어 못하는 경우도 적지 않음은

배운다고 실력이 향상되는 것이 아니라는 분명한 증거이다.

자신이 가지고 있는 지식

배워서 쌓은 지식인지 탐구와 익힘을 통해 쌓은 지식인지 생각해보라.

배워서가 아닌 스스로 탐구하고 익혀서 얻은 지식이라는 사실을

확인하는 것 어렵지 않을 것이다.

"알아서 가르친 것이 아니라 연구함으로써 알게 되었고

가르치는 과정에서 더 확실하게 알 수 있게 되었다."

"내가 학생에게 가르쳤던 지식,

그 누구에게 배운 것 아니라

나 스스로 탐구하여 알게 된 것들이다."

퇴직을 앞둔 선생님의 말씀이다.

국어선생이지만 아들딸에게 국어 지식 가르쳐주지 않았다.

질문을 해온 적이 몇 번 있었는데 그때마다

설명해주기 보다 사전을 던져주고 책을 건네주었다.

"아빠의 설명보다 정확하고 쉬운 설명이 여기에 몽땅 들어있으니
너 스스로 읽고 또 읽고 생각하고 또 생각해서 알아내도록 하여라."
라고 말하면서.

수업 끄트머리 자투리 시간에 '3분 말하기'를 하고 있는데
과거에 비해 수준이 많이 떨어졌음을 확인하곤 한다.
그런데 그 중에서도 몇 명의 아이는 나름 의미 있는 내용을
설득력 있게 발표하곤 하는데 그때
"방금 발표한 내용, 배운 것이냐 아니면 연구한 것이냐?"
라고 물으면 모든 아이들은 이구동성으로
"배운 것 아니라 제가 관심 가지고 찾아보고 탐구하고
스스로 반복하여 익히고 익힌 결과입니다."
라고 대답해주곤 한다.
"발표 잘할 수 있었던 것은 아무개 선생님께 배웠기 때문입니다."
라는 대답을 들어보지 못한 것이다.
'말하기 대회' '자기주장발표대회'에서 수상한 아이들에게
똑같은 질문을 하였을 때에도 아이들은 한결같이
평소 관심 있었던 주제를 책과 인터넷에서 찾아 연구하였고
생각하고 또 생각하고 반복해서 익힌 결과라고 대답해주었다.

진즉부터 나는 아이들에게
다음과 같은 말을 따라하라고 부탁하곤 한다.

"<u>배우는 일에 힘쓰지 말고 익히는 일에 힘쓰자.</u>

배워서 알 수 있게 되는 것 아니라
생각하고 탐구하고 익혀야만 알게 되는 것이다."

교사와 부모의 역할은 가르쳐주는 일이 아니라
생각하고 행동하도록 도와주는 일이다.
지식을 전달해주기도 해야 하겠지만
생각하는 법, 사랑하는 법, 용서하는 법, 배려하는 법 등을
말이 아닌 행동으로 가르치는 것이다.

4장

부모가 바뀌어야
아이도 바뀌는데

믿어주고 기다려주고 경청하기

아들에게 연락이 없은 지 2주가 지났음을 확인한 순간
걱정이 되었고, 걱정을 시작하자 걷잡을 수 없었다.
아내는 아무 일 없으니까 그런 것 아니겠느냐면서
전화하지 않는 아들을 두둔하고 나의 믿음 부족을 나무랐다.
부리나케 전화하였는데 받지 않아서 더욱 초조해하고 있을 때
전화가 걸려왔다.
궁금하고 걱정되어서 전화했다는 말에
어린 아이가 아니니까 걱정 말라면서
오히려 나의 근심 걱정을 나무랐다.
자식에 대한 믿음은 아내가 나보다 훨씬 강해서
아내는 아들딸의 말이나 행동에 의심을 가져본 적 없다.
"거짓말 하지 말라!"는 말을 해 본 적 없을 뿐 아니라
"정말이야?"라며 아들딸 이야기에 고개 갸우뚱 해본 적도 없다.
그 믿음은 남편인 나에게도 마찬가지여서
나의 말과 행동에 조금도 의문을 품어보지 않았고
퇴근이 늦을지라도
누구랑 어디에서 무엇을 했는지 캐물은 적도 없다.

아들딸이 거짓말이나 거짓 행동을 거의 하지 않은 것은
철저하게 믿어주었기 때문이라는 생각을 해본다.
내가 그런대로 부끄럽지 않게 살아올 수 있었던 이유 역시
믿음에 보답해야 한다는 생각 때문이지 않았을까.

성경에 믿음 소망 사랑 이 세 가지는 항상 있을 터인데
그 중에 제일은 사랑이라고 하였다.
사람들은 이 말을 사랑의 중요성을 일컫는 말로 해석하지만 나는
믿음 소망 사랑 모두의 중요성을 강조한 말로 해석해 보았다.
믿음 소망 사랑은 우열을 가리기 힘들만큼 매우 중요한데 군이
우열을 가려야 한다면 사랑이 최고인 것이라고.
믿음과 소망도 사랑 못지않게 매우 중요한 가치라고 해석하였다.
믿음이 배반으로 이어지는 경우가 어찌 없겠으며
믿었다가 뒤통수 맞고 발등을 찍히는 경우가 왜 없겠는가?
그러나 후회할 때 후회하고 손해 볼 때 손해 보더라도
믿음은 너와 나 모두에게 행복을 주는 일이 분명하지 아니한가?
스포츠 기사에서
"믿음이 만들어낸 부활!"
"강한 믿음이 원동력이 되었다." 라는 기사 자주 만나지 않았는가?

친구들끼리 놀았다.
학원도 학습지도 없었고 과제도 제대로 하지 않았다.
방학 내내 교과서나 문제집 한 페이지 쳐다보지 않았었다.
나뭇가지, 돌멩이, 흙, 모래, 병뚜껑 가지고

땅바닥에 금 그어가면서 놀았었다.

누군가의 지도나 관리도 받지 않았고

친구 형 언니 동생들과 어울려 열심히 신나게 놀았다.

집안 청소와 부모님 심부름은 당연히 해야 할 일이었고

논밭에 나가 농사일을 거드는 일도 절반의 의무였다.

이런 상황이었음에도 몸도 마음도 무럭무럭 성장하였다.

부모들은 아이들이 잘 성장해주리라 믿어주었고

아이들은 그 믿음에 충실하게 보답해 주었다.

믿음이 행복이다. 믿어야 행복할 수 있다.

믿음이 없다면 어떻게 비행기를 탈 수 있을 것이며

어떻게 음식점에서 음식을 함부로 사 먹을 수 있을까

어떻게 은행에 돈을 맡기고 편안하게 잠들 수 있겠는가?

믿음이 있기에 평안할 수 있고 행복할 수 있다.

믿음이 없다면 불안과 공포 속에

불행한 삶을 살아야 하는 것은 너무도 명백한 사실이다.

믿음이 행복이다. 자녀를 믿어야 한다.

인간은 믿음에 보답하는 동물이다.

자기 스스로에 대한 믿음도 중요한데

요즘 아이들은 자신에 대한 믿음이 너무 부족하여

시도해 보지도 않고 할 수 없노라 중얼거리면서 물러나 버린다.

스스로 할 기회를 갖지 못하고 스스로를 믿지 못한다.

부모가 사랑이라는 이름으로 간섭하고 대신해 주어

아이들 스스로 할 기회와 능력을 상실해버렸기 때문이다.
뭔가 시도해볼 기회를 빼앗아버린, 그래서
자신감을 상실하도록 만들어 버린 어른들은 반성해야 한다.

마마보이라고 비웃으면서
마마보이 만드는데 앞장서는 부모들의 공통점은
기다릴 줄을 모른다는 점이다.
의견을 물으면 엄마한테 물어보고 답해주겠다는 아이들,
시키는 일만 겨우 할뿐 스스로 알아서 하지 못하는 아이들,
스스로 해 보지 않아서 자신감을 잃어버린 아이들,
생각할 기회를 주지 않아서 창의력이 부족한 아이들,
자신이 결정하지 않아서 책임감 없는 아이들.
슬픔과 안타까움을 주는 이런 아이들은
기회를 주지 않고 기다려주지 않은 어른들의 작품이다.
아이를 잘 기르려는 부모님의 마음에 돌 던지고 싶지 않지만
기다릴 줄 모르고 빨리 성장시키겠노라는 욕심에는
작은 돌멩이라도 던져야 할 것 같다.

씨앗을 뿌려놓고 싹이 돋아나자
그 싹을 빨리 자라게 하려는 욕심으로
그 싹들을 하나하나 뽑아 올려놓았단다. 그리고 집에 돌아와
"벼가 잘 자라도록 뽑아 올려주었더니 매우 피곤하다."
라고 말하였단다. 그 말을 들은 아들이 밭에 가 보았더니
싹이 모두 말라 죽어 있었더란다.

4장 부모가 바뀌어야 아이가 바뀌는데

싹을 빨리 자라게 하려 했던 농부의 욕심이 결과적으로는
작물을 말라죽게 만들었다는 이야기이다.

세상일에 기다림이 정답인 경우가 많지만
교육에서는 더더욱 기다림이 최고의 방법이다.
성선설이 옳은지 성악설이 옳은지 지금도 판단이 서지 않지만
믿고 기다리는 자세가 아이의 성장에 매우 중요하다는 것은
만고의 진리인 것 분명하다.
퇴직하신 보건선생님께서는
인간에게는 자연치유력이 있다 말씀하시고
시간이 치료해주는 것이라 강조하시면서
작은 상처에는 연고 바르지 말라 말씀하시곤 하셨다.

작은 일에, 별거 아닌 일에
걱정하고 호들갑 떠는 부모님들이 많아도 너무 많다.
그 걱정과 호들갑이 독이 된다는 사실 모르는 사람도 너무 많다.

사랑 표현으로 공부 에너지 만들기

"갑돌이와 갑순이는 한 마을에 살았드래요.
둘이는 서로서로 사랑을 했더래요.
그러나 둘이는 마음뿐이래요.
겉으로는 음음음 모르는 척했드래요.
그러다가 갑순이는 시집을 갔더래요.
시집간 날 첫날밤에 한없이 울었드래요.
갑순이 마음은 갑돌이뿐이래요.
겉으로는 음음음 안 그런 척했드래요.
갑돌이도 화가 나서 장가를 갔드래요.
장가간 날 첫날밤에 달 보고 울었드래요.
갑돌이 마음은 갑순이뿐이래요.
겉으로는 음음음 고까짓 것 했드래요."

어렸을 적 가끔씩 들었던 노래였는데
얼마 전 라디오를 통해 다시 한 번 듣는 순간,
흥겹게 미소 지으며 부를 노래가 아님을 깨달았다.
눈물 흘리며 부르고 눈물 흘리며 들어야 할 노래였다.

4장 부모가 바뀌어야 아이가 바뀌는데

갑돌이 갑순이는 특정한 그 누구가 아니라 바로 나였다.
우리들 자신이었다.
표현하지 않았기에 이루지 못했던 사랑과 꿈이 많았고
말로 표현하지 않았기에 그르쳐야만 했던 일도 엄청났다.

노래는 3절로 끝이 났지만 4절이 저절로 만들어졌다.
"갑순이는 친정 왔다가 갑돌이를 만났드래요.
 갑돌이가 총각시절에 사랑했었노라 말했더래요.
 그 말 들은 갑순이 주저앉아 통곡했드래요.
 그때 왜 말하지 않았냐면서 원망을 했더래요."라고.
그랬다. 갑돌이도 갑순이도 서로 사랑했었지만
사랑을 이룰 수 없었던 이유는 말하지 않았기 때문이었다.
두 사람 중 한 사람만 고백했었더라도 이루어질 사랑이었는데
표현하지 않았기에 이루어지지 못한 사랑,
갑돌이와 갑순이의 사랑이었다.
어쩌면 우리 모두는 갑돌이 갑순이로 살고 있는지도 모른다.

서로 표현하지 못하여 오해하고 후회한 일이 얼마나 많은가?
좋아한다 말하지 못하고, 싫어한다 말하지 못하고,
도와달라 말하지 못하고, 고맙다 말하지 못하고,
미안하다 말하지 못하고, 힘들다 말하지 못하여
후회하고 오해받고 상처받고 미련남기고 그래서
땅을 치며 괴로워했던 일들이 얼마나 많은가?
고기는 씹어야 맛이고 말은 해야 맛이라고도 하였다.

말해야 한다. 표현해야 한다.

이심전심(以心傳心)을 이야기하지만 결코 쉬운 일 아니니까

자신의 생각과 감정을 정확하게 표현할 수 있어야 한다.

원하는 바가 있다면 말해야 하고,

모르는 것이 있다면 물어보아야 하며,

자신의 감정과 의견을 솔직하게 드러내야 한다.

자신도 자신의 마음을 모를 때가 있는데

표현하지도 않은 타인의 감정을 어떻게 알아낼 수 있단 말인가?

표현하여야 한다.

갑돌이와 갑순이의 이루지 못한 사랑을 반면교사(反面敎師) 삼아서

사랑한다고, 응원한다고, 믿는다고, 잘못했다고, 미안하다고

정확하고도 분명하게 표현하여야 한다.

기분이 좋아야 무슨 일이든 잘할 수 있는데 공부도 예외 아니다.

공부 잘하도록 하고 싶다면 기분을 좋게 해주어야 하는데

기분 좋게 만드는 방법 중 하나는

감정을 읽어주고 공감해주는 일이다.

누군가 내 마음을 이해해주고 내 이야기에 맞장구쳐줄 때

기분이 좋았고, 그 좋은 기분으로 일을 잘하게 되었던 경험 떠올려

감정 읽어주고 공감해주면서 행복하게 만들어주어야 한다.

사람은 누구나 은혜에 보답하고 싶은 마음을 가지고 있는데

자녀 역시 마찬가지이기 때문이다.

부모가 자신의 말에 귀 기울여주고 이해해주고 공감해주는데

어찌 고맙지 않을 것이며

고마운 부모님께서 바라는 바, 어찌 들어주고 싶지 않겠는가?

자신의 자녀를 사랑하지 않는 부모는 없다.
그런데 이상하지 않은가?
자신의 부모가 자신을 사랑하지 않는다고 생각하는 아이들이
적지 않다는 사실.
부모는 자녀를 사랑하는데
자녀는 미움 받고 있다고 생각하는 이 이해하기 힘든 괴리.
슬프지 아니한가?
부모 마음을 몰라주는 아이에게 잘못이 있는 것은 맞지만
모르게 오해하도록 한 부모에게도 잘못은 있지 않은가?

사랑해야 한다. 존재 자체를 사랑해주어야 한다.
그런데 거기가 끝이어서는 안 된다.
감정을 읽어주어야 하고 기분 상하지 않도록 배려해주어야 한다.
그리고 또 하나 중요한 것
표현해주어야 한다.
아이가 사랑을 충분히 받고 있다고 느끼도록
감사하는 마음 가질 수 있도록
감사의 마음으로 열심히 공부할 수 있도록
보답하고 싶은 마음, 기쁜 마음으로 노력할 수 있도록
행복에너지가 공부에너지를 만든다는 믿음 가지고.

오늘의 행복도 중요하다

효도하고 싶은데 돌아가셨음으로 인해 효도할 수 없는 슬픔을
'풍수지탄(風樹之嘆)'이라고 한다.
수욕정이풍부지(樹欲靜而風不止) 자욕양이친부대(子欲養而親不待)에서
'바람 풍(風)' '나무 수(樹)'를 가져와 만든 말이다.
나무는 조용히 있고 싶지만 바람이 그치지 않고
자식은 효도하고 싶지만 어버이는 기다려주지 않는다는 의미다.
움직이는 것이 나무의 뜻이 아니라 바람의 뜻인 것처럼
효도 역시 자식 마음대로가 아니라 부모 마음대로라는 의미로
효도하기를 미루어서는 안 된다는 말로 해석할 수 있다.
매년 학생들에게 이 말을 전해주면서 효도 뿐 아니라 어떤 일에서든
미루게 되면 후회하게 되는 경우 많으니
미루지 말라고 부탁하곤 한다.
미루고 미루다가 낭패를 당했던 경험을 이야기하면서
미루지 않음이 삶의 중요한 지혜라고 이야기해주곤 한다.

'대학입시가 끝나고'라 말하고 '취업한 다음에'라 말한다.
재미있게 노는 일도, 여행도, 사랑도, 할머니를 찾아뵙는 일도,

4장 부모가 바뀌어야 아이가 바뀌는데

심지어 독서까지도 나중으로 미루라고 말한다.
나중에 효도하겠노라 미루었다가 부모님 돌아가신 후에
후회했던 경험이 있는 사람조차도
모든 것을 대학입시 다음으로 미루라고 말한다.
안 될 일이다.
<u>내일의 행복도 중요하지만 오늘의 행복도 중요하기 때문이다.</u>
<u>아니, 오늘 행복해야 내일도 행복할 수 있기 때문이고</u>
<u>오늘 행복해야만 그 행복에너지로 능력을 키워서</u>
<u>내일의 더 큰 행복을 만들어낼 수 있기 때문이다.</u>

일의 성패는 정신력에 달려있다.
운동선수에게도 사업가에게도 정신력이 중요하고
연예인에게도 정신력이 중요하다.
정신력이 중요한 사람으로 학생을 빼놓을 수 없는데
공부 역시 정신력이 강하지 않고서는 절대 잘해낼 수 없기 때문이다.
강한 정신력은 어떻게 만들어지는가?
선천적일 수 있고 훈련에 의할 수도 있는데
행복한 감정에 의해서일 수 있다.
행복해야 정신력이 강해지고
그 강한 정신력으로 공부도 잘할 수 있게 된다.
행복해야 노래도 운동도 일도 잘할 수 있는 것처럼
행복해야 공부도 잘할 수 있게 된다.
유복한 환경의 아이들이 불우한 환경의 아이들보다
공부를 잘 하는 것은 사실인데

이유는 사교육 때문 아니라 행복하기 때문이다.

행복에너지가 공부 잘하는 에너지를 만들어 주는 것이다.

그렇기 때문에 자녀가 공부 잘하기를 원한다면

자녀가 행복할 수 있도록 도와주어야 한다.

사교육비로 지출할 돈

여행비 외식비 문화생활비로 사용한다면

행복해질 것이고

그 행복에너지가 공부 잘하도록 만들어줄 것이다.

중 · 고등학교 시절보다 더 아름다운 시절 있을까?

이 아름다운 청춘의 시절에 학과 공부도 해야 하겠지만

세상에 대해 알아가고

인생에 대해 고민하고

독서하고, 운동하고, 토론하고, 우정 쌓고, 여행도 하면서

마음을 성장시키고 행복 키우고 추억을 만들어야 한다.

넘치는 행복과 아름다운 추억이

인간을 성숙시키고 또 다른 행복을 만들어낸다는 것,

지식도 지혜도 키워준다는 것

분명한 사실이기 때문이다.

충분한 휴식 취하기

부러운 사람이 있다. 대학교수다.

돈 많은 사람, 권력 가진 사람은 전혀 부럽지 않지만

대학교수는 정말 부럽다. 교수라는 직업도 부럽지만

솔직히 안식년이 더 부럽다.

푹 쉬고 나면 더 열심히 일할 수 있다는 생각 때문이다.

'편안할 안(安)' '쉴 식(息)' '해 년(年)'의 안식년(安息年)은

유대교 율법을 따르는 유대교인들이

7년마다 1년씩, 일을 그만두고 편안하게 쉬는 해를 가리킨다.

이 안식년의 전통은 농토에까지 적용되어서

7년 농사 지은 땅은 1년 동안 경작하지 못하게 하여

땅의 힘을 되찾게 하였다고 한다.

이 전통의 영향으로 서양 선교사들에게 안식년을 주었고

대학에서도 교수들에게 안식년을 주어

재충전의 기회로 삼도록 하고 있다고 한다.

재충전은 필요하다.

과거에도 안식년은 필요하였겠지만 바쁘게 살아가는 현대인에게

재충전의 기회인 안식년은 더더욱 필요하다.
선교사나 교수들에게만 재충전이 필요한 것 아니라
모든 사람들에게 재충전이 필요하다.
삶의 목표가 일하는 것에 있기보다
쉬고 놀면서 행복을 만들어 가는 데에 있기 때문이다.
토요일을 만들고 일요일을 만들고
휴가를 만들고 방학을 만든 이유가 여기에 있을 것이다.
그런데 요즘 아이들에게는
토요일 일요일이 없어지고 방학마저 없어졌다.
있기는 하지만 없는 것이라고 보는 것이 옳은 상황이다.
토요일 일요일에 마음껏 쉬거나 노는 아이들이 너무 적고
방학다운 방학을 보내는 학생도 거의 없다.
누가 빼앗아갔을까? 토 · 일요일을, 방학을, 감히 무슨 권리로
토 · 일요일과 방학을 아이들에게 돌려주어야 한다.
제대로 된 주말과 방학은 인간다운 삶을 위해서는 물론
실력 향상을 위해서도 반드시 필요하기 때문이다.

학교에 찾아온 졸업생들은 이구동성으로
학교 시설이 많이 좋아졌다고 이야기한다.
아닌 게 아니라 근래 들어 학교 시설이 참 좋아졌다.
인조 잔디구장, 친환경 전천후 농구장, 체육관, 정자,
쉼터, 산책로, 도서관 등등.
시설이 이렇게 좋아졌음에도 아이들은 좀처럼 이용하지 못하는데
시설을 이용할 시간과 여유가 없기 때문이다.

4장 부모가 바뀌어야 아이가 바뀌는데

시설은 갖추어졌는데 이용은 못하는 모순 상황이 발생한 것이다.
도서관 서설이 현대화되었고 좋은 책도 많아졌지만
도서관에 앉아 책 읽을 여유가 없고
쉼터에 앉아 사색에 빠질 시간, 농구장에서 공 던질 시간,
산책길에서 여유부릴 시간, 친구와 대화할 시간이 없는 슬픈 현실,
'그림 위의 떡'일 뿐인 안타까움, 슬픈 한국의 모습이다.

한계효용체감법칙이 있다.
일정 기간 동안 소비되는 재화의 수량이 증가할수록
재화의 추가분에서 얻는 한계효용은 점점 줄어든다는 법칙인데
이 법칙은 공부에도 그대로 적용된다.
그렇기 때문에 공부 잘하고 싶다면 중간 중간 쉬어야 한다.
책상 앞에 앉아있는 시간이 많을수록,
강의 많이 들을수록,
문제 많이 풀수록 공부 잘하게 되리라는 생각,
버릴 수 있어야 한다.

90분 내내 쉬지 않고 뛸 수 있는 축구선수가 있을까?
가능하지도 않지만 그렇게 한다고 좋은 결과 만들어질까?
축구선수는 공을 드리블하고 나갈 때나
공이 날아올 공간을 향해 뛰어갈 때에
100미터 달리기 선수처럼 뛰어야 하는데
100미터 달리기 선수처럼 뛰기 위해서는
어슬렁거리는 시간 있어야 한다.

어슬렁거리는 여유를 가질 수 있어야 좋은 결과 만들어낼 수 있고
그래야 진짜 훌륭한 선수로 인정받을 수 있다.
90분 내내 100미터 달리기 선수처럼 뛰라 요구하는 감독은
감독의 자격 없다.

"휴식은 게으름이 아니고 멈춤도 아니다.
 휴식을 모르는 사람은 브레이크가 없는 자동차 같아서
 위험하기 짝이 없다."라는 말이 있다.
그렇다. 휴식이다. 쉼이다.
휴식과 쉼은 공부를 더 잘하게 만들어 주는 보약이다.
심신(心身)의 피로를 풀고 새로운 힘을 북돋기 위해
놀이나 오락을 즐기는 일을 레크리에이션(recreation)이라 하는데
"re(다시)+create(창조하다)+tion(것)"으로 분석하여
창조를 위한 행위, 원기 회복, 기분 전환으로 해석할 수 있다.

쉼 없이 뛰기만 하려는 욕심 부리지 말아야 하고
충분한 휴식 후에 열심히 하겠다고 생각할 수 있어야 한다.
뛰어야 하는 상황에서 열심히 뛰기 위해서도
쉼은 반드시 필요하다.

건강과 행복의 중요성

축구선수에게 가장 중요한 것은 무엇일까?

드리블, 패스, 슈팅 능력, 전술에 대한 이해력을 이야기하지만

가장 중요하고도 기본이 되는 요소는 체력이다.

체력이 갖추어지지 않으면 드리블 기술도, 패스 능력도

슛 능력도, 전술에 대한 이해력도 아무런 쓸모가 없다.

그렇기 때문에 축구선수뿐 아니라 모든 운동선수는,

심지어 체력이 의미 없을 것이라 생각되는 종목의 선수까지도

체력 훈련에 적지 않은 시간과 에너지를 쏟는 것이다.

2002년 월드컵 4강 신화의 비법도

지칠 줄 모르는 체력 때문이었다고 이야기하는 사람이 많다.

근력, 지구력, 순발력 등은

활력을 가져오고 공부를 잘하게 만드는 원동력이 된다.

체력이 있어야 피로를 물리칠 수 있고

지치지 않고 짜증나지 않는 상태로 공부할 수 있다.

체력이 곧 학습능력인 것이다.

아무리 바빠도 바늘허리에 실 매어 쓸 수 없는 것처럼

아무리 공부할 양이 많고 시간이 부족하다 할지라도
체력 증진을 위한 시간과 에너지 투자에 인색해서는 안 된다.
체력 증진을 위한 투자는 공부 잘하기 위한 필요조건이다.

중산층 이상 가정의 아이들이 빈곤층 아이들보다
성적이 좋다는 통계가 있는데, 원인을 어디에서 찾아야 할까?
사교육에서 정답을 찾는 사람이 많지만
사교육이 정답이 아니고 행복과 정서적 안정감이 정답이다.
행복에너지와 정서적 안정감이 공부하고 싶은 마음을 가져오고
능률도 키워주는 것이라고 보아야 옳다.
'부모님께서 나를 이렇게 행복하게 해주셨으니
은혜에 보답하기 위해서라도 공부 열심히 해야지.'
라고 생각하면 열심히 공부하게 되고 결과도 좋게 나오는 것이다.

아이들을 긴장하도록 만들어서는 안 되는데
긴장 상태에서는 좋은 결과 기대할 수 없기 때문이다.
운동할 때에도 일할 때에도 노래할 때에도 연기할 때에도
긴장은 나쁜 결과의 주범이다.
적당한 긴장은 활력을 가져오고 집중력도 높여줄 수 있지만
지나친 긴장은 몸과 마음을 경직되게 만들어서
나쁜 결과를 가져오기 때문이다.

고개를 숙인 상태로 하는 공부보다
고개를 들고 하는 공부가 효율적인데

이를 위해 필요한 것이 독서대다.

독서대는 공부의 효율을 가져올 뿐 아니라

허리와 목 굽음을 방지해주고 피로를 줄여주며 졸음도 방지한다.

독서대를 사용해본 친구들은 이구동성으로

허리 통증이 사라지고 목 아픔도 사라졌으며

집중력이 높아졌고 졸음도 오지 않게 되었노라 말한다.

그럼에도 초 · 중 · 고 학생들 중에

독서대를 사용하는 학생은 매우 적다.

처음 사용할 때에 불편하기 때문일 것 같은데

어떤 일에서나 처음은 어색하고 불편하지만

습관이 되면 어색하지 않게 되고

불편하지도 않게 된다는 사실을 이야기해주고 싶다.

독서대 사용은 학습의 효율을 키워주고

신체의 건강도 지켜주는 일거양득(一擧兩得)임도 말해주고 싶다.

며칠 전 만난 졸업생도 이렇게 말해주었다.

"선생님! 지금도 독서대 사용 강조하시나요?

 저는 독서대 때문에 공부를 잘하게 된 것 같고,

 임용고시 준비할 때에도 독서대 덕분에

 피곤 느끼지 않고 공부할 수 있었습니다.

 독서대 때문에 합격할 수 있었다고 생각해요. 감사합니다."

잘 놀아야 공부 잘할 수 있다

수능을 100일 앞둔 고3생 수험생들을 취재하기 위해
모 방송국에서 학교를 방문하였었다.
그리고 그날 저녁 텔레비전은
학생들이 열심히 공부하는 모습의 화면과 함께
"고3 교실은 수능을 준비하는 수험생들의 학업 열기로 인해
 팽팽한 긴장감이 감돌고 있습니다."라는 뉴스를 전해주었다.
열심히 공부하는 모습의 연출된 화면도 쓴웃음을 주었지만
팽팽한 긴장감이라는 표현은 더욱 큰 쓴웃음을 짓도록 만들었다.
뉴스가 진실만을 전하는 것이 아님을 확인하고 고개를 흔들었다.
수능이 100여일도 남지 않은 고3교실이지만
긴장감을 갖고 공부하는 학생은 그다지 많지 않다.
교실마다 다르지만 수능 100일 전에 열심히 공부하는 고3은
40퍼센트가 채 되지 않는다.
수능 성적을 반영하지 않는 수시전형을 준비하는 학생이 많기 때문이고
아이들의 꿈 없음 때문이며
스마트폰 때문이기도 하겠지만
어렸을 때부터 공부에 시달려 공부가 밉고

공부에 지쳐 흥미를 잃은 것도 중요 원인일 것이다.
미운데, 지쳤는데, 하고 싶은 마음 조금도 없는데,
대학은 이미 정해졌다고 생각되는데
공부해야 하는 이유를 찾지 못하는데
어떻게 제대로 된 공부를 열심히 할 수 있겠는가?

일정한 단위 시간에 투입된 노동량과 생산량과의 비율을
노동생산성이라 한다.
우리나라 노동생산성은 경제협력개발기구(OECD) 최하위권이다.
일하는 시간은 많지만 생산량이 높지 못한 것은
우리 사회의 크나큰 병폐인데
이는 일상화된 야근과 주말 근무 등 장시간 근로 때문이라고
전문가들은 분석하고 있다.
생산성이 낮기로는 학생들의 학습에서 더욱 심각하다.
책상 앞에 앉아있는 시간은 많지만 습득한 지식은 너무 적다.
15시간 넘게 책상 앞에 앉아있음에도 실력은 초라하기 그지없다.
졸거나 자거나 멍 때리거나 딴 생각만 하기 때문이고
공부할 의지 없이 책상 앞에 앉아있기만 하기 때문인데
이 모든 슬픔의 원인은
어렸을 때부터 강요된 공부로 공부에 흥미를 잃었기 때문이 아닐까?
아무리 맛있는 음식일지라도 계속 먹게 되면
맛을 느끼지 못하게 되고,
아무리 재미있는 놀이일지라도
강요에 의해 하다보면 재미없어진다는 사실을 망각했기 때문이다.

알고 보면 공부도 재미있는 작업인데 진즉 노동이 되어버렸다.
내용이 어렵기 때문이기도 하고,
시험을 위한 공부이기 때문이기도 하지만 보다 근본 원인은
공부 강요로 공부에 흥미 잃었기 때문이고
어렸을 때부터 억지 공부로 공부에 염증을 느꼈기 때문이다.

입학 때 전교 100등이 넘었었는데
지난 학기 성적에서 전교 5등 안에 들었던 학생이 있었다.
이유를 묻는 나에게
마음껏 놀았더니 공부하고 싶어지더라고 대답해 주었다.
그렇다. 쉼 없이 기어가는 것보다
중간 중간 쉬고 놀면서 걸어가야 멀리 갈 수 있다.
쉼 없이 뛰어야 좋은 결과 얻게 된다고 말하지 않으면 좋겠고
인간은 쉼 없이 뛸 수 있는 존재가 아니라는 사실도 알면 좋겠다.

어린 시절에 어른들의 야유회에서
"노세 노세 젊어서 놀아, 늙어지면 못 노나니
 화무는 십일홍이요, 달도 차면 기우느니라."
라는 노래를 많이 들었었고, 이 노래를 들으면서
이 노래를 부르는 어른들을 경멸의 눈으로 바라보았던 때가 있었다.
게으른 사람들의 자기 합리화이고
사회를 좀먹는 나쁜 노래라고 생각했던 것이다.
'젊어서 놀자고, 늙으면 놀 수 없으니까 젊어서 놀자고?
젊었을 때 열심히 일해야지, 놀면 밥이 나오나 돈이 나오나?

4장 부모가 바뀌어야 아이가 바뀌는데

성실치 못한 나쁜 사람들 같으니라고!'
라고 중얼거렸던 것이다.

그런데 어느 날인가 이 노래를 들으면서

고개를 끄덕이고 있는 나 자신을 발견하였다.

그래, 젊어서 놀아야 해

열흘 동안 계속 피는 꽃이 없는 것처럼,

보름달도 언젠가 기우는 것처럼

인간은 늙어지는 것이고

그 때는 놀고 싶어도 놀 수 없을 테니까.

젊어서 놀아보아야만 늙어서도 잘 놀 수 있는 것이니까.

일만 하다가 세상 떠난다는 것은 억울한 일인 것 분명하니까.

그러나 이보다 더 중요한 이유는

쉬고 놀면서 일해야 더 좋은 결과 얻을 수 있으니까.

<u>아름다운 삶 중의 하나는 열심히 사는 삶이고,</u>
<u>열심히 사는 삶 중에 재미있게 노는 것도 포함되어 있다.</u>

열심히 놀 줄 아는 사람이 일도 열심히 하는 것 많이 보았다.

열심히 놀기만 하라는 말 아니라 놀 때에는 신나게 놀고

일할 때에는 열심히 일하는 것이 현명하다는 말이다.

진정으로 자녀를 사랑한다면

진정으로 자녀가 공부 잘하기를 원한다면

자녀가 열심히 놀 수 있도록 도와주어야 한다.

그런 다음에 공부하라고 이야기해도 결코 늦지 않기 때문이다.

놀도록 해야 한다. 열심히 놀아야 열심히 공부도 할 수 있다.

노는 것은 시간 낭비가 아니라 에너지 축적이고
공부 열심히 하기 위한 준비이다.

멋지다고 소문난 산과 들에 사람들이 많이 모여들지만
아이들은 보이지 않는다.
학교 운동장에도 마을 골목에도
아이들의 왁자지껄은 찾아보기 힘들다.
어디로 갔는가? 무엇을 하는가?
놀아야 하는데 어디에서 무엇을 하는가?
누가 아이들의 행복을 빼앗아갔는가?
놀이는 어린이들의 정당한 행동이고
장난감은 어린이들의 천사라는 말도 있는데……
한 끼 굶는다고 죽지 않는 것처럼
한두 달 공부 않는다고 인생 망가지지 않는다.
그러니 실컷 놀게 하라.
스스로 공부하고 싶다고 덤빌 때까지.
이것이 공부 잘하게 만드는 비결일 수 있다.

텅 빈 운동장을 바라볼 때마다 마음이 아프다.
저 운동장이 저렇게 비어있어서는 안 되는데,
저 운동장에 아이들의 웃음소리와 함성이
해뜨기 시작할 때부터 해질 무렵까지 끊어지지 말아야 하는데.

근로 시간을 줄여주었더니

생산량이 더 많아졌다는 이야기,

들은 적,

정말

없는가?

수면은 충분히

조는 아이들, 책상에 엎드려 자는 아이들을
깨우다보면 수업을 제대로 할 수 없기에, 또
깨워놓아도 곧바로 졸기에, 그리고
어차피 공부하지 않는 것은 마찬가지라는 생각에
모른 척 눈감아주고 수업을 계속한다.
다음 시간에라도 공부하라고,
열심히 수업에 임하는 아이들에게 피해 주면 안된다는 생각으로
모른 척 넘어간다는 선생님들도 많다.
부끄럽지만 나도 그렇다.
오늘 5교시 수업 마치고 복도 지나면서 수업 끝난 교실을 쳐다보니
서너 명을 제외한 학생들이 엎드려 있었다.

대한민국 학생 대다수는 수면 부족에 시달리고 있다.
교육에서 이보다 더 심각한 문제가 없음에도
너나없이 어찌할 수 없는 일이라며 포기해버린다.
부모님께 전화하여 밤에 일찍 자도록 하라 부탁하였더니
학원 수업 학원 숙제 때문이니 눈감아달라고 도리어 부탁하더란다.

4장 부모가 바뀌어야 아이가 바뀌는데

프랑스에서 자녀를 교육시킨 바 있는 홍세화 선생께서는

아이가 학교에서 깜박 졸았다는 이유로

학교에 불려가

밤에 아이를 잠재우지 않은 것에 대한 책임 추궁을 당하였다는데

우리 교육 현장에서는

졸거나 자는 문제에 대해 그다지 심각하게 생각하지 않는다.

수업시간에 졸거나 자는 행위는 절대 용납될 수 없다는 인식,

졸음운전만 위험한 것 아니라

졸음수업도 위험하다는 인식이 정말로 필요하다.

'얻음'만 보지 말고 '잃음'도 볼 수 있어야 지혜로움이다.

밤에 한 두 시간 공부하는 '얻음'만 생각하지 말고

낮에 제대로 공부 못하는 '잃음'도 생각할 수 있어야 현명함이다.

공격 축구를 원하는 팬들의 마음을 잘 알면서도

대부분의 감독들이 수비를 중요하게 생각하는 것은

'얻음' 못지않게 '잃지 않음'이 중요하다는 사실을 알기 때문이다.

11시 이전에 잠자야 한다고 강조하는데

11시 이전에 잠자는 것은

공부를 잘하기 위해 불가결한 요소임과 동시에

신체 건강과 정서적 안정을 위해서도 매우 중요하기 때문이다.

학생에게 가장 중요한 시간이 수업시간이고

공부하는 시간 중 가장 많은 시간이 수업시간인데

수업시간에 조느라 공부하지 못하는 것은

어떤 이유로도 용납되지 못하는 바보짓이기 때문이다.

그런데 안타깝게도 2019년 대한민국 교실에는
이런 바보 학생들이 많아도 너무 많다.

저녁형 인간이기 때문이라고 말하는 아이들이 있는데
비겁한 변명일 뿐이다.
저녁형 인간으로 태어난 사람은 없다.
스스로 저녁형 인간으로 만들었을 뿐.
신병교육대 조교를 하였을 때 3천 명 이상의 병사를 만났는데
밤에 잠이 오지 않는다고 이야기하는 병사를 한 명도 본 적이 없다.
밤에 충분히 잤음에도
낮에 흐리멍덩하고 밤이 되면 정신이 맑아지는 사람은 없다.
낮에 조는 습관을 들이게 되면 매일 그 시간에 졸음이 밀려오고
낮에 자는 습관 들이지 않으면 잠이 오지 않게 되어 있을 뿐이다.
수업이 낮에 이루어진다는 사실과 함께
시험 역시 낮에 치러진다는 사실도
수업시간에 맑은 정신을 유지해야 하는 분명한 이유이다.
시험을 잘 치르기 위해 하는 공부일진대
시험 치르는 그 시간에 졸려서
제대로 시험을 치를 수 없게 된다면……
생각만 해도 끔찍하지 아니한가?
누군가가 만들어낸 '4당5락'이라는 엉터리 정보를 진실이라 믿고서
잠을 줄여서라도 공부해야 한다는 부모님들이 있는데
수면 부족 상태에서는 절대 공부 잘 할 수 없다는 사실을
분명하게 알아야 한다.

4장 부모가 바뀌어야 아이가 바뀌는데

4시간 자고 성공한 사람 있지 않느냐고?

인정한다. 4시간 자고 공부하여 성공한 사람 있는 것 맞다.

그런데 분명한 것은

4시간 자고 공부하거나 생활에 지장이 없는 사람은

100명 중에 2명 정도에 불과하다는 사실이다.

98명은 7시간 이상 자야만 정상적 활동을 할 수 있는 것이다.

노력한다고 누구나 키 190센티미터 이상 될 수 없는 것처럼

노력한다고 누구나 100미터를 11초 이내에 뛸 수 없는 것처럼

누구라도 4시간 자고 공부할 수 있는 게 아니라는 사실을 알아야 한다.

4시간 자고 공부할 수 있는 사람

100명 중 2명밖에 되지 않는다는 사실,

그 2명은 재벌 2세보다 더 복 받은 사람이라는 사실

미소 지으며 받아들일 수 있어야 한다.

노력만으로 키 클 수 없고, 땀 흘림만으로 국가대표 될 수 없고,

화장만으로 예뻐질 수 없다는 사실을 받아들이는 것처럼.

힘이 있어야 공부도 잘할 수 있는데

힘은 음식이나 운동으로도 만들어낼 수 있지만

수면으로도 만들어낼 수 있음을 인정할 수 있어야 한다.

책상 앞에 앉아있다고 공부하는 것 아니고

선생님 강의 많이 듣는다고 공부 잘하는 것 아닌 것처럼

비몽사몽의 상태로 책 보는 일 역시

'공부'가 아니라는 사실, 인정해야만 한다.

잠이 보약이라는 말이나

세상에서 가장 무거운 것은 눈꺼풀이라는 말에 수긍해야 하고
수면 부족으로 생기는 질병이 적지 않다는 사실도 알아야 한다.

아침밥 먹이는 일과 잠 잘 재우는 일의 중요성을
알지 못하는 부모, 무시해버리는 부모들이 많다.
공부 잘하기 위해서는 정상적인 컨디션 유지가 필요한데
아침밥을 먹지 않거나 잠을 자지 않은 상태에서는
정상적인 컨디션 유지가 어렵고
정상적인 컨디션 유지 없이는 공부 잘할 수 없음을 알아야 한다.
<u>사교육 시키는 일이나 입시 정보를 찾아 나서는 일이</u>
<u>부모의 역할 아니고,</u>
<u>수업시간에 졸지 않고 공부 잘 할 수 있도록</u>
<u>밤에 잠 잘 잘 수 있게 도와주는 일이</u>
<u>부모의 역할이라는 말이다.</u>
격려해주고 칭찬해주고
믿어주고 용서해주는 역할이 더해지면 금상첨화(錦上添花)이고.

아이들은 부모들의 바람과 다르게
거짓말도 잘하고 절제력도 부족하다.
공부한다 말해놓고서 부모님이 잠이 든 것 확인한 후
스마트폰으로 게임 하고 동영상 보고 웹툰도 본다. 때문에
아이가 잠잔 것을 확인한 이후에 잠자리에 드는 일은
그 어떤 일보다 중요한 부모의 역할이다.
시속 10킬로미터로 15시간 달리면 150킬로미터 갈 수 있지만

시속 70킬로미터로 10시간 달리면 700킬로미터 갈 수 있다.

비몽사몽 상태로 15시간 공부하는 것보다

맑은 정신으로 10시간 공부하는 것이 낫다.

자녀 공부를 위해 무엇을 해야 할지 질문하는 부모들이 많은데

유감스럽게도 할 일이 별로 없다. 공부는

학생이 하는 것이지 그 누구도 대신해 줄 수 없기 때문이다.

부모가 할 일 없다고 말해오다 몇 년 전부터 이렇게 말해주고 있다.

"부모님께서 자녀 공부를 위해 하실 일은 두 가지입니다.

11시 30분 이전에 잠자도록 하는 것과 아침밥 먹이는 일이지요.

가능한 11시 이전에 잠자도록 도와주시고

아침 식사는 반드시 먹을 수 있도록 도와주어야 합니다.

이 일 말고는 하실 일 없습니다."

잠을 이기는 장사는 없다고 하였다.

아이를 공부 잘하게 하고 싶고, 아이가 행복하기를 원한다면

아이들에게 잠자는 권리 빼앗아서는 안 된다.

아니 충분히 잘 수 있도록 적극적으로 도와주어야 한다.

충분한 수면과 휴식은

시간 낭비가 아니라

학습의 효율성 증진을 위해 가장 기본이 되는 일이다.

질문할 시간과 생각할 시간

학생들에게 물었다. 발아(發芽)의 3대 조건이 무엇이냐고?
발아의 의미를 모르겠다는 표정의 아이들이 많아서
'싹이 틀 발(發)' '싹 아(芽)' 자로
'식물의 싹이 나는 것'이라고 설명해 주었지만
흙, 물, 햇볕, 영양분, 공기, 비료 등을 이야기할 뿐
'온도' '산소' '수분' 세 가지를 정확하게 이야기하는 학생은
한 명도 없었다.
배운 것 같다고 이야기하는 서너 명의 아이가 있을 뿐이었다.

무엇을 공부하는가? 어떻게 공부하고 있는가?
배웠음에도 알지 못하는 공부, 시험이 끝나면 잊어버리는 공부다
생각 없이 암기하고, 이해 없이 암기하였다 잊어버리는 공부다.
10개월 간 독일 고등학교 교환학생으로 다녀온 학생은
독일 친구들이 늘 입에 달고 다니는 말이
'너는 어떻게 생각하니?'라고 하였다.
처음에는 무척 당황스러웠지만
시간이 흐른 후, 그동안 아무 생각 없이 공부해왔고

아무 생각 없이 생활해 왔음이 부끄러웠다고 하였다.

언제부터인가 텔레비전 음악 프로그램을 즐겨보고 있는데
멜로디의 아름다움에 취해서가 아니라
자막으로 나오는 노랫말을 음미하는 일에 재미 붙였기 때문이다.
고백하건데, 부끄럽게도 젊은 날에는
노랫말의 의미에 대해 생각하지 않고
리듬이나 박자에만 신경 쓰면서 흥얼거리기만 했었다.
노랫말을 음미하며 노래 부르기 시작하면서부터
노래에 대한 새로운 즐거움이 찾아와 날 행복하게 만들고 있다.
노랫말의 의미도 모른 채 노래를 흥얼거리는 것은
절반의 즐거움일 뿐이라는 사실을 뒤늦게 깨달은 것이다.

"만날 때 아름다운 사랑보다는
헤어질 때 아름다운 사랑이 되자, 잠깐만 잠깐만……"
정신이 맑아졌다. 이렇게 아름다운 노랫말이었다니?
몇 십 번 들었기에 가사까지 외울 수 있는 노래임에도
생각 없이 듣고 불렀고 진정한 맛을 알지 못했다는 사실이
커다란 슬픔과 함께 부끄러움으로 다가왔다.
"모르는 사람들을 아끼고 사랑하며 행여나 돌아서서
우린 미워하지 말아야 해……"
라는 노랫말 역시 근래에 깨달은 기쁨이다.
바보였다. 의미는 생각하지 않고 중얼거리기만 하였던 바보,
생각해보려는, 음미해보려는 노력은 전혀 하지 못했던 바보.

선생님의 강의를 듣긴 들었지만 친구에게 설명해주진 못한다.

노트에 적었지만 적었다는 사실조차 기억나지 않는다.

문제를 풀었으면서도 설명할 능력은 없다.

대충 아는 것은 많지만 진짜 아는 것은 너무나 적다.

대한민국 학생들의 슬픈 민낯이다.

생각하는 일은 아이들의 몫이지만

생각할 수 있도록 도와주는 일은 어른들의 역할이다.

아이들은 아직 생각하는 힘이 부족하기 때문에

어른들이 생각할 수 있도록 도와주어야 한다.

대신하여 생각해주는 것은 나쁘지만

생각할 기회 주고 생각하도록 도와주는 것은 어른들의 책무다.

육체의 성장을 위해 음식을 제공하듯

영혼의 성장을 위해 생각할 기회를 주고 생각하도록 도와야 옳다.

생각하는 힘을 키워주는 일보다 중요한 어른의 역할은 없다.

질문하고 또 질문하라.

생각할 시간을 주고 생각하도록 유도하라.

함께 고민하고 함께 답을 찾아가라.

대학수학능력시험이 끝난 후, 출제위원장은 매 번

사고 능력을 측정할 수 있도록 출제하였노라 이야기하는데

틀린 말은 아니라 생각하였었다. 하지만

언제부터인가 이의를 제기하고 싶어졌다.

단순 암기력 측정을 위한 문제 아닌

사고력 측정을 위한 문제라는 것은 인정하지만
생각할 시간을 너무 적게 준다는 생각 때문이다.
주어진 시간에 비해 문제가 너무 많고 지문도 너무 길어
생각할 여유 가지고 깊게 생각할 수 없다는 생각 때문이다.
진정 사고력을 측정하고자 한다면
지문 길이를 줄이든가 문제 수를 줄이든가
시간을 더 주든 해야 한다는 생각 때문이다.

스스로 생각할 기회 주고
스스로 생각하여 결론을 이끌어낼 때까지 기다려주는 일,
교육에서는 매우중요한 일이다.

용서해주고 칭찬해주어야

졸업생이 어색한 미소를 머금으면서 다가왔다.
군 입대 전에도 몇 차례 찾아왔던, 3학년 담임 맡았던 제자였다.
고3 어느 날, 핸드폰을 만지고 있는 것을 발견하여 빼앗았더니
가방을 주섬주섬 싸서는 교실을 나가버렸고,
불렀음에도 들은 척도 않고 사라졌던 제자였다.
아이들도 다 보고 있었던 상황, 담임인 나를 당황하게 만들었던,
교사의 권위와 자존심, 교권을 완전히 짓밟아버렸던,
내 교직생활에서 가장 황당함을 주었던 사건의 주인공이었다.
참았다. 부모님께 전화하지도 않았다.
다음날, 잘못을 시인하며 고개를 떨어뜨렸고
다시는 그런 무례한 행동을 하지 않겠노라 약속한 것으로
두 손 꼭 잡아주면서 깨끗하게 용서하고 마무리하였다.
반성문도 쓰게 하지 않았다.
군 입대 전 찾아왔을 때, 그때의 용서가 고마웠다 하였고
그때의 용서에 힘입어 대학에서 열심히 공부하여
장학금까지 받았노라 자랑하였다.
체벌은 물론 기합 한 번 주지 않은 지 5~6년이 지났다.

매스컴에서는 아이들 때문에 선생님들의 스트레스가 심하다 하는데
나도 그렇지만 우리 학교 동료 선생님들도
아이들에게 스트레스를 그다지 받는 것 같지 않다.
아이들이 착하기도 하지만
이해와 용서와 기다림의 결과라는 생각을 해보았다.
중·고등학교 시절에는 너나없이 어리석고 실수하는 것이라 생각하여
이해해주고 용서해주고 또 용서해주면,
용서는 또 다른 용서를 낳고 그래서
관계가 좋아지고 더불어 행복할 수 있다는 생각을 해본 것이다.

젊었을 때는 작은 잘못에도 신경질 내고 폭언에 체벌까지 하였었는데
'해님과 바람' 이야기를 곱씹으면서 깨달음을 내 것으로 만들었고
이후에 아이들에게 따뜻한 미소로 다가가기 시작하였다.
용서를 시작하자 용서가 쉬운 일이 되었고
그 용서가 평화와 미소를 가져오기 시작하였다.
교육은 폭력 앞에 순종하는 척하도록 하는 것에 있지 않고
미봉책으로 넘어가는 것에 있는 것 아니라
마음이 바뀌도록 해야 한다는 생각을 하기 시작하였고
내일의 행복도 중요하지만 오늘의 행복이 더 중요하다는 생각,
내일을 위해 오늘을 희생시켜서는 안 된다는 생각,
상대방 뿐 아니라 나 자신을 위해서도
용서하고 또 용서해야 한다는 생각을 하게 되었다.
공부는 긴장된 상태가 아닌
즐겁고 이완된 상태일 때 더 잘 된다는 생각까지 할 수 있게 되었다.

철부지 교사 시절, 종아리에 피가 보일 때까지 체벌하여
학부모 항의를 받은 적도 있었다.
일벌백계(一罰百戒)보다 나은 교육은 없다 생각하였고
대학입시를 위한 체벌과 폭언은
어떤 경우에도 용서받을 수 있다고 생각하였다. 그러다가 우연히
"가장 나쁜 감정은 질투, 가장 무서운 죄는 두려움,
가장 무서운 사기꾼은 자신을 속이는 자,
가장 큰 실수는 포기해 버리는 것.
가장 어리석은 일은 남의 결점만 찾아내는 것.
가장 심각한 파산은 의욕을 상실해 버리는 것.
그러나 가장 좋은 선물은 용서"
라는 프랭크 크레인의 가르침을 만났고, 이후
용서를 가르침이 그 어떤 가르침보다 중요하다고 생각하게 되었다.
아울러 말로써 가르치는 것보다 행동으로 가르치는 것이
보다 효율적이고 교육적이라는 생각까지 할 수 있게 되었다.

어찌 용서가 최선의 방법이 될 수 있겠는가?
특히 교육 현장에서는 일벌백계(一罰百戒)가 최선 아니겠는가?
잘못을 범하면 그에 상응하는 처벌을 받게 된다는 것을 경험시킴으로
다시는 그런 잘못 반복하지 못하도록 하는 것이 교육 아니겠는가?
그런데 아니었다. 이상하게 아니었다.
콩 심은데 콩 나고 팥 심은데 팥 나는 것처럼
용서를 심었더니 용서가 나오고
처벌을 심었더니 분노와 미움과 비뚤어짐이 나오는 것이었다.

4장 부모가 바뀌어야 아이가 바뀌는데

용서는 행복과 평화를 만들었고
그 행복과 평화가 에너지를 만들었지만
처벌은 분노와 화를 만들었고
그 분노와 화는 평화와 행복을 깨부수는 결과를 낳았다.

최소 교육현장과 가정에서만큼은
이에는 이, 눈에는 눈이 아닌
사랑과 이해와 존중과 포용과 용서가 정답임을
교단을 떠날 나이가 되어서야 깨닫는다.
그래서 요즘에는 하루에도 몇 번씩
아이들의 실수와 잘못에 미소 지어주면서
'괜찮아, 실수하지 않고 사는 사람 누구 있더냐?'
'학창 시절 어리석지 않은 사람 누구 있더냐?'
'내가 용서한 것처럼 너희도 다른 사람을 용서하라'를
중얼거리곤 한다.

교육은 용서다.
그리고 우리 모두는 너나없이 용서받을 권리가 있다.
그래서일 것이다. 결혼식 주례 때마다
다음과 같은 말을 주례사 말미에 넣는 이유가

지금 이 시간, 신랑 신부는 어른이 되는 의식을 치르고 있지만
결혼식을 치른다고 곧바로 어른이 되는 것은 결코 아닙니다.
올해 서른둘인데.......하객 여러분들은 어떠했는지 몰라도 저는

마흔 살까지도 어른스럽지 못했습니다. 아니, 철부지였습니다.

생각하면 부끄럽기 그지없지요.

'왜 그런 생각을 했을까?'

'왜 그런 말, 그런 행동을 하였을까?'

'왜 그런 사소한 일에 화를 냈을까?' 등 후회의 연속이었습니다.

장인 어르신께서 결혼 1년이 채 못 되어 돌아가셨는데

사위로서 해드린 것 전혀 없음이 평생 아픔으로 남았습니다.

그냥 어려워만 했을 뿐 따뜻한 말 한마디 건네지 못하였고

맛있는 식사 한 끼 대접하지 못하였습니다.

생각할 때마다 부끄럽고, 눈물 나고, 저 자신이 밉습니다.

철들지 않았던 것이지요. 서른 한 살이었음에도.

장모님께서는 좀 더 사셨고, 그래서 여행도 시켜드렸고

맛있는 음식을 사 드리기도 했지만 지금 생각하니

20점짜리 사위도 되지 못하였습니다.

공자는 50살을 지천명(知天命)이라 했다지요?

50살 되어야 하늘의 명령, 세상 이치를 알 수 있다는 말이지요.

이제야 고개가 끄덕여집니다.

그렇습니다. 너나없이 50살이 되어야 철이 듭니다.

신랑 신부 나이 이제 서른둘이지요. 아직 철들지 못할 나이이지요.

저는 지금

아들 며느리가 실수하고 잘못하고 마음에 들지 않더라도

이해하고 용서해야 된다는 부탁의 말을 하고 있습니다.

딸 사위가 어리석게 생각하고 행동하고 어린아이처럼 굴어도

아직 철들지 않아서 그러는 것이라고,

시간이 가면 철들어 어른다워질 것이라고 믿으시고
미소 지으시면서 기다려주셔야 한다고 말하고 있습니다.

가끔씩 농담 삼아 아이들에게 이렇게 이야기해주곤 한다.
엄마, 아직 50살 되지 않았다면 철들지 않은 것 당연하다고.
아들딸의 작은 실수에 짜증내는 이유는 50살 되지 않았기 때문이라고.
엄마 아직 철들지 않아서 짜증내는 것이니까 이해하라고.
할머니 할아버지가 손자손녀의 크고 작은 잘못에도 미소 짓는 것은
철들었기 때문이라고.
이해해주고 용서할 줄 알아야 어른인 것이라고.

졸업한 제자들로부터 들은 감사의 이유에
'선생님께서 용기를 주셔서' '칭찬해 주셔서' '격려해주셔서'
'바른 공부법 알려주셔서' '희망을 주셔서' '깨달음을 주셔서'
'좋은 말씀 많이 해 주셔서'도 있지만
가장 많은 이유는 '용서해 주셔서'였다.
결혼식장에서 만난 어떤 졸업생은
고개 숙여 인사한 후 다음과 같이 말해주었다.
"고3 때 철이 없어 화장실에서 담배를 피우다 걸렸었는데
그때 선생님께서 두 손 꼭 잡아 주시면서
다시는 담배 피우지 말라 부탁하면서 용서해 준 일,
정말 고마웠습니다. 그때 이후 지금까지
한 번도 담배를 피운 적 없습니다.
선생님! 감사합니다.

선생님께 배운 용서 본받아 저도 지금 용서 많이 하고 있고
용서하고 용서 받으며 행복하게 생활하고 있습니다.”

교사로서 무엇을 가르쳐야 할 것인가에 대해서 생각해 보곤 한다.
초임교사 시절엔 오직 지식이었고 성적이었고 대학입시였다.
성적을 좋게 받도록 하여 명문 대학에 가도록 도와주는 일이
교사에게 주어진 가장 중요한 임무라 생각하였었다.
그러던 어느 날,
지식은 학교나 교사를 통하지 않고도 습득할 수가 있다는 사실과
선생이 열심히 가르치는 것과 학생의 지식 습득과는
비례관계가 성립되지 않는다는 사실을 깨달았다.
그리고 아무리 열심히 지식을 가르친다 해도
누구는 1등급, 누구는 9등급이어야 한다는 사실도 알게 되었다.
교사에게 주어진 임무는 지식 전달보다
지혜, 더불어 사는 방법, 행복 만드는 방법, 기다림, 용서, 사랑
등을 가르치는 것이라는 생각을 하게 된 것이다.
엄하게 지도해야 하고
잘못에 대해서는 반드시 처벌하는 것이 올바른 교육이라는 생각은
편견이면서 바로잡아야 할 생각이다.
지적은 하되 용서해주고
잘못에 대해 깨우쳐주긴 하되 체벌하지 않아도
아이들은 학생다움에서 벗어나지 않았고
착하고 아름답게 잘 성장해 주었다.
학생은 선생의 말과 행동을 보고 배우고

자식 역시 부모의 말과 행동을 보고 배운다.

시험 잘 치르도록 도와주는 것만 교육인 것 아니고

아름답게 살아가는 방법을 행동으로 가르치는 것도 교육이다.

부모는 더더욱 지식보다 지혜와 사랑에 더 큰 가치를 두어야 하고

용서함으로 용서를 가르쳐야 한다.

교육은 용서이다.

아이들에게는 용서받을 권리가 있다.

여행이 주는 깨달음

고3 진급을 앞둔 1월에
아들은 일본에서 진행된 〈한일 청소년 교류 캠프〉에 다녀왔다.
청소년 단체에서 실시하는 12일 일정의 국제교류캠프였는데
대학입시와는 관련 없는 '연수'라는 이름의 여행이었다.
처음, 참가 권유를 받았을 때, 아들은 어이없다는 반응을 보였다.
재차 권유하였지만,
고3인데, 수능이 10개월밖에 남지 않았는데
무슨 캠프냐며 펄쩍 뛰었다.
그러나 내 생각은 달랐다.

"10개월은 짧지 않은 시간이다.
공부만 할라치면 지치기에 충분한 시간이다.
아무리 시간이 없을지라도 밥은 먹어야 하는 것처럼,
아무리 할 일이 많을지라도 잠은 자야 하는 것처럼,
아무리 해야 할 공부가 많다 하더라도 쉼은 있어야 한다.
여행보다 더 효율 높은 쉼은 없다. 그렇기 때문에
수능 10개월을 남겨둔 지금, 캠프 여행, 떠나야 한다.

아빠가 거의 매일, 밤 10시까지 학교에 머물면서
가르치고 책 보고 글 쓰는 생활을 할 수 있는 에너지는
대학시절 그 누구보다 열심히 싸돌아다니며 놀았던 덕분이고
방학이면 짐 싸서 훌쩍 떠났던 여행이 가져다준 반대급부다.
누구보다 열심히 생활하도록 도와준 원동력은 여행이다."

고맙게도 아내는 내 의견에 고개를 끄덕여주었고
아들도 자신의 고집을 꺾고 캠프 참가를 위해 현관문을 나섰다.
12일 동안 일본 여기저기를 돌아다니며 강의 듣고 토론하고
견학하고 관광하고, 민박하고 친구 사귀고 스키도 탔단다.
맛있는 음식 먹으며 새로 사귄 친구들과 마냥 행복하였단다.
지금까지 삶 중 가장 신나고 재미있었던 시간이었단다.
그랬기 때문이었을 것이다. 분명히. 분명히
전교에서 가장 열심히 공부한 학생이라고 소문난 것이.
성적 급상승하여 마지막 시험에서 전교 1등까지 한 것이.
한 문제 더 맞혔다면 수능 전 영역 1등급 받을 수 있었던 것이.
대학 2학년 여름방학 때 40일간 유럽 배낭여행 다녀왔고
시간 날 때마다 인도 스페인 일본 등을 여행하였다.
대학에서 공부 즐겁게 열심히 할 수 있었던 것도
직장에서도 즐겁고 신나게 일할 수 있는 것도
여행이 가져다 준 에너지 때문이라고 나도 아들도 믿고 있다.
여행을 떠나 봐야 여행이 행복임을 알 수 있게 되고
또 다른 여행을 위해 열심히 생활해야 함을 깨닫게 된다.
세상이 넓다는 사실도 알게 되고

자신이 부족하다는 사실도 인정하게 되며
무엇을 하면서 살아야 할 것인가도 깨닫게 된다.
책상 앞에서보다 10배 이상 성숙할 수 있다.

세상에 대해 알 수 있고 부모의 사랑도 이해할 수 있으며
가족의 소중함도 깨닫게 된다.
세상살이가 녹록치 않다는 사실도 알게 되고
공부해야 하는 이유도 깨닫게 된다.
고생하면서 세상과 인간에 대한 이해 키울 수 있고
그 이해력으로 공부 효율성 키울 수 있다.
쓴 맛 단 맛 경험한 아이가 공부 잘할 수 있다.
고생해보아야 공부가 쉬운 일이라는 사실을 알게 되어
공부를 어려운 일이나 하기 싫은 일로 여기지 않게 된다.
열심히 땀 흘리면 행복 많이 만들 수 있게 된다는 평범한 진리도
진정으로 깨달을 수 있게 된다.

'젊어서의 고생은 사서도 한다.'는 말에 고개를 끄덕이면서도
자녀가 고생하는 모습 보지 않으려는 부모들이 많다.
그 고생이, 그 고민이, 그 갈등이
자녀를 성장시킨다는 사실, 모르지 않으면서도
우선 당장 마음이 아프다는 이유로,
사랑이라는 이름 가져다 붙이면서
자녀들이 고민하고 땀 흘리는 것을 방해한다.
아니 더 정확하게는 공부할 시간 빼앗긴다는 이유로

4장 부모가 바뀌어야 아이가 바뀌는데

땀 흘리지 말라고 하면서 자녀 대신하여 땀 흘려준다.

이보다 더 큰 실수 없는데도.

자녀가 땀 흘리는 모습, 머리 쥐어짜는 모습, 좌충우돌하는 모습

기쁜 마음으로 바라볼 수 있어야 현명한 부모다.

땀 흘리고 머리 쥐어짜고 좌충우돌하는 모습 뒤에 서서

환한 미소 지을 수 있어야 훌륭한 부모다.

타고나지 않은 재주 인정해주기

멋지게 축구공을 다루는 아이가 있고,
축구공을 피해 다니는 아이도 있다.
그림 잘 그리는 아이가 있고 못 그리는 아이도 있으며
노래 잘하는 아이 있고 음치라 놀림 받는 아이도 있다.
키가 다르고 얼굴이 다르고 성격이 다른 것처럼
재주 역시 사람마다 제각각이다.
모든 재주를 몽땅 가진 사람은 1퍼센트도 되지 못하고
한두 가지의 재주는 전혀 갖지 못한 경우가 대부분인데
중요한 것은, 한두 가지 재주를 지니지 못하였다고
생활에 지장을 받거나 사람 구실을 못하거나
소외당하거나 무시당하지 않는다는 점이다.

축구 못해도 괜찮고 노래 못해도 괜찮으며
그림 잘 그리지 못해도 괜찮은 것처럼
공부 못해도 생활에 문제없다는 사실을 인정할 수 있어야 한다.
노래 실력 타고 나지 않았다고
부끄러움 없이 이야기할 수 있는 것처럼

공부 재주 타고나지 않았노라고
대수롭지 않게 이야기할 수 있어야 하는 것이다.
지식 습득을 위해 노력하지 말라는 이야기가 아니고,
지식이 중요하지 않다는 이야기는 더더욱 아니다.
공부, 누구라도 잘할 수 있는 것 아니고
공부, 노력만으로 잘할 수 있는 것 또한 아니다.
모든 것을 잘하려는 욕심 부리지 말아야 하고
공부 못해도 행복할 수 있다는 사실 인정해야 한다.
누구나 연예인 될 수 없다는 사실을 인정하는 것처럼
누구나 공부를 잘할 수는 없다는 사실도 인정해야 한다.

수행평가로 부모님 전기문을 써오라 했었던 적 있었다.
그 글을 읽으며 보통 사람들의 삶의 궤적을 들여다 볼 수 있었는데
공부 잘하였던 부모님 계셨고 공부 못하였던 부모님도 계셨다.
공부 잘하였으나 불행하게 생활하시는 부모님도 계셨고
공부 못하였지만 행복하게 생활하시는 부모님도 계셨다.
학부모님들의 삶을 통해
공부가 행복이나 삶의 질을 결정해주지 않는다는 사실을
분명하게 확인할 수 있었다.
공부 못했던 사람도 나름의 재주가 하나 이상 있었고
그 재주로 멋진 삶 꾸려가면서 행복하게 생활하고 있었다.
운동 못하고 노래 못해도 행복하게 생활할 수 있는 것처럼
학창시절 공부 못하였어도 행복한 삶 만들어가고 있었다.
제자들도 그랬다. 상관관계 크지 않았다.

공부 못했지만 나름의 위치에서 인정받으며
행복하게 사는 제자들 엄청 많다.
고등학교 성적과 삶의 질은 비례 관계 절대 아니었다.

공부 열심히 해도 성적 나오지 않는 아이들을 보면서
공부 역시 타고난 재주임을 확인하고
공부하기를 화장실 청소하기보다 싫어하는 아이들을 보면서
공부는 분명히 타고난 재주임을 또 다시 확인한다. 그렇다.
책상 앞에 오래 앉아있을 수 있는 능력도
책을 보면서 행복할 수 있는 능력도
타고난 재주가 최소 51퍼센트이다.

동료 교사들과 졸업한 제자들의 근황을 이야기하는 경우가 있는데
공부 재주와 멋지고 행복하게 사는 재주는 다르다는 결론을 자주 내리고
행복은 성적순이 아니라는 말에 고개 많이 끄덕이곤 한다.

교과서 함께 읽기

공부는 학생이 하는 것이라는 사실
공부는 책으로 하는 것이 가장 효율적이라는 사실
말을 물가에 끌고 갈 수는 있으나 물을 먹일 수는 없다는 사실
아무리 잘 가르치는 선생님이라 할지라도
아이 머리에 지식을 집어 넣어줄 수는 없다는 사실
최소 이 정도는 진리로 받아들여 주면 참 좋겠다.
그렇기 때문에 진정으로 자녀가 공부 잘하기를 바란다면
잘 가르치는 선생님의 강의 들어야 한다고 큰소리치지 말고
도서관에 가서 책 꼼꼼히 읽고
모르는 어휘나 개념을 머리 쥐어짜면서 탐구함으로 정확하게 숙지하고
보지 않고 설명해줄 수 있을 때까지
익히고 또 익혀야 한다고 알려주어야 한다.
부모 역할은
잘 가르친다고 소문난 선생 만나 배우도록 하는 것에 있지 않고
책과 씨름하여 스스로 터득하도록 돕는 것에 있다.

교과서는 대학입시를 위해 만든 책이기도 하지만

민주시민으로 성장시켜주는 책이기도 하고
교양인으로 살아갈 수 있는 지식과 지혜 가득한 책이기도 하다.
대학 졸업한 사람도 읽을 가치가 있고
읽으면 읽을수록 재미를 알게 되는 책이기도 하다.
소설책만 재미있는 책인 것 아니고
교과서도 충분히 재미있고 읽을 만한 가치가 있는 책이다.
가족 모두 함께 도서관에 가서 함께 교과서 보는 일,
교과서 내용으로 묻고 답하고 토의하고 토론도 하는 일,
어색할 것 같고 이상할 것 같지만
진정으로 자녀가 공부 잘하기를 원한다면
충분히 해볼 만한 가치 있는 일 아닐까?
학창 시절에 못했던 공부, 재미없게 했던 공부
이제라도 재미있게 할 수 있다면 어찌 좋은 일 아니겠는가?
자녀 실력도 향상시키고 부모의 지적 수준도 향상시킬 수 있는,
일거양득, 일석이조, 마당 쓸고 돈 줍는 일이 아니겠는가?
사교육비 고통에서 해방되는 엄청나게 신나는 일 아니겠는가?
직장일 집안일에 피곤이야 하겠지만
피곤하기로는 학생들도 마찬가지라고 생각할 수 있어야 한다.

부모의 역할 중 하나는
자녀가 공부의 맛을 알 수 있도록 도와주는 일이고
도서관에 가서 책 읽는 습관 만들어주는 일이며
책 속에서 스스로 진리 만나는 기쁨 발견하도록 도와주는 일이다.
부모가 자녀들에게 해줄 수 있는 가장 훌륭한 선물이기도 하다.

억지로 가르치려는 것은 어리석음이고

스스로 할 수 있도록 하고 지켜봐주고 기다려주는 일이 현명함이다.

공부하라 야단치거나 잔소리하지 않고

자녀 손잡고 도서관에 간다.

생각만으로도 행복감 밀려오지 아니한가?

자녀들이 공부하는 교과서, 우선 일주일만 읽어보라.

그리고나서 판단해보라. 읽을 가치가 있는 책인지 아닌지.

교과서는 학생들에게 공부하라 만든 책이지만

어른들도 학창시절에 느끼지 못했던 기쁨을 만날 수 있는 책이고,

어른들도 읽을 가치가 충분한 책인 것은 분명하다.

대학교를 졸업했지만 중학교 교과서에도 모르는 내용 많더라.

텔레비전이나 영화 보는 기쁨보다 더 큰 재미

교과서에 있더라.

자녀의 교과서를 공부하는 것은

자녀의 성적을 향상시킬 수 있는 가장 쉬운 일이면서

부모도 함께 성장할 수 있는 일석이조(一石二鳥)의 일이더라.

역사교과서도 재미있고, 국어 사회 한문 교과서도 재미있으며

과학, 수학, 과학, 음악, 미술, 기술가정 교과서도 재미있더라.

교과서는 상급학교 진학을 위해서만,

좋은 직장 구하기 위해서만 보는 책이 절대 아니더라.

아들딸의 교과서를 함께 읽으면서

멘토도 되어보고 멘티도 되어보니 참 좋더라

아들딸 친구 되어 함께 지식과 지혜를 만들어 보자.

함께 공부하는 과정에서 부모 자식 간 사랑 커져가고
행복도 무성해질 것이다.
사회교과서에서 사람 사는 세상 만나고
과학교과서에서 만물의 이치를 깨달아가며
기술가정 교과서에서 삶의 지혜와 상식을 만날 수 있다.
깜짝 놀랄 내용, 알면 즐겁고 행복할 내용
엄청 많다. 교과서에.
교과서를 보면서 스멀스멀 밀려오는 행복을 마음껏 누려보면 좋겠다.

자녀와 함께 교과서 읽는 일은
부모도 성장하고 아이도 성장할 수 있는 일이면서, 동시에
부모와 자녀가 함께 행복할 수 있는 쉽고도 멋진 일이다.

독서는 만병통치약

지식과 지혜를 키우면서 즐거움을 얻을 수 있는 방법에
텔레비전도 있고 영화도 있고 인터넷도 있지만
책과는 비교할 수 없다.
그럼에도 요즘의 대한민국은 안타깝게도
중고생 대학생은 독서하지 않고 초등학생만 독서하고 있다.
독서를 강조하고 입시에도 반영한다며 협박까지 하지만
독서다운 독서를 하는 중고생은 그다지 많아 보이지 않는다.
대학입시 때문이다.
기 승 전 대학입시인 대한민국에서는 오직
영어 수학 국어만 중요하고, 사회 과학이 거기에 덧붙여질 뿐이다.
대학입시 때문에 독서할 시간 없다고 말하는 학생 학부모가 많다.
몰라도 한참 모르는 소리인 이유는
대학입시를 위해서도 독서를 해야 하기 때문이다.
시험 잘 치르고 면접 잘 치러서 원하는 대학에 가기 위해서도,
대학 공부를 제대로 하기 위해서도,
직장과 사회를 위한 일을 잘하기 위해서도,
아름다운 가정 꾸리기 위해서도,

독서해야 하기 때문이다.

중·고생이 해야 하는 일 1순위는 누가 뭐라 해도 독서다.
공부할 시간도 모자라는데
책 읽을 시간 어딨느냐고 말해서는 곤란하다.
독서가 공부의 기초를 튼튼하게 만들어준다는 사실을 믿어야 한다.
운동 잘하고 싶다면
먼저 기초 체력을 강하게 만들어야 하는 것처럼
공부 잘하기 위해서도
독서를 통해 독해 능력 기르고 배경 지식을 쌓아야 한다.
시간이 없다는 이유로 독서를 팽개치는 것은
시간 없다는 이유로 준비운동 없이 곧바로 경기를 치르는 어리석음이고,
바늘허리에 실 매어 쓰려는 어리석음이다.

아이가 공부하지 않는다며 한숨을 토해내고
혼자서는 공부하지 않는다며 학원으로 내몰며
자신은 가르칠 능력이 없다면서 사교육시장을 기웃거린다.
공교육을 탓하고 더 비싼 사교육을 시키지 못함을 가슴 아파하며
사교육 때문에 삶이 고통스럽다며 아우성을 친다.
억지로 하는 일에서는 좋은 결과 낼 수 없다는 사실을
윽박지르고 감정 상하게 만들어서는 좋은 결과 낼 수 없다는 사실을
스스로 하고 싶어서 해야만 좋은 성과 낼 수 있다는 사실을
모르지 않음에도 모르는 사람처럼 행동한다.
학교 다녀보았고 공부 해보았으면서도

학교 다니지 않은 사람처럼, 공부 해보지 않은 사람처럼 행동한다.

독서가 곧 공부다.
독서 많이 하면 공부 잘할 수 있다.
독서는 공부 잘하게 도와주는 산소이고
독서를 통해 얻은 배경지식은
공부를 쉽고 즐겁게 할 수 있도록 도와준다.
매일 1시간 정도의 독서는 지식과 지혜 쌓기의 마중물로
학교 성적을 확실하게 키워주는 퇴비가 된다.

모든 지식은 각각 긴밀하게 연결되어 있다.
국어 잘하면 영어 수학도 잘하고
수학 잘하면 사회 과학 잘할 수 있다.
독서는 모든 공부의 기초 중의 기초로
독서를 많이 하게 되면 모든 공부를 잘할 수 있게 된다.
독서를 통한 배경 지식의 습득은 대학입시에 도움 되는 것은 물론
대학 공부에도, 취업에도, 직장의 업무 능력에도 도움을 주고
가정의 행복 만들기에도 큰 도움을 준다.
독서는 우리 삶에 만병통치약인 것이다.
어떤 책을 읽을까 고민할 필요는 없다.
모든 책은 다 나름의 가치를 지니고 있으니까.

스스로 선택하고 책임지기

자신이 선택한 일은 열심히 하고 책임지려는 경향이 강하지만,
자신이 선택하지 않고 남이 선택해준 일은
열심히 하려고도 책임지려고도 하지 않는 것이 인지상정이다.
그렇기 때문에 자녀가 재미있게 열심히 해주기를 바란다면
자녀가 스스로 선택할 수 있도록 하는 것이 좋다.
중고생들은 철들지 않았고 세상을 모르고 생각이 짧아
올바르지 않은 판단을 할 가능성이 높은 것은 사실이지만
그럼에도 아이들에게 선택권 주어야 하는 이유는
자신이 선택한 일은 책임감 가지고 열심히 하기 때문이고
선택 과정에서 사고력 추리력 상상력 등이 향상되기 때문이며
자존감과 자신감을 키워갈 수 있기 때문이다.
이런 핑계 저런 핑계 대면서, 아이들 못 미더워하면서
자녀들에게 선택의 기회 주지 않음은 바보 만드는 일일 뿐이다.
도와주고 간섭하는 일은 성장을 방해하는 어리석은 행위임을 알아
간섭하지 말고 스스로 선택하도록 하여야 한다.
절제 능력 없기 때문에, 실수 가능성 높기 때문에
자유를 허용해선 안 된다고 말하는 것은

4장 부모가 바뀌어야 아이가 바뀌는데

소심한 부모의 자기 합리화요 구차한 변명일 뿐이다.
제주도에 내려가 생활한 바 있는 가수 이효리씨가
"참 신통하다. 애달프게 키우려고 할 땐
 아무 것도 자라지 않더니
 잊은 채 내버려두니 저 혼자 잘 자랐다."
라는 말을 했다는데, 이 말
음미하고 음미하면서 무릎 칠 수 있으면 좋겠다.

내가 존경하는 유치원 원장님께서는
줄서기 지도를 하지 않는다고 하셨다.
얼마동안은 어수선하고 새치기하는 아이들 때문에 힘이 들지만
시간이 지나면서 스스로 질서를 만들어 가는 것을
자주 확인하였기 때문이라 하였다.
사소한 다툼이 일어날지라도
교사들로 하여금 지도하도록 하지 않고
가능한 자기들끼리 해결하도록 기다려주고
현장학습을 계획한 날에 눈비가 올지라도
예정된 행사를 취소하거나 연기하지 않아
눈비 맞으면서 행사 진행한 경우도 많단다.
예정된 행사를 강행하는 이유는
약속을 지키지 않아도 괜찮다는 생각,
어려움에 부딪히게 될 때 포기해도 괜찮다는 생각을
심어주지 않기 위해서란다.
예닐곱 살 꼬맹이들에게

감자나 고구마 등을 캐도록 하는 노작교육을 하고
연탄 나르는 봉사활동도 하게 하는데
'그 어린 꼬맹이들이 어떻게'
라는 우려와 달리 꼬마아이들은 신나고 재미있게
거뜬히 그 일들을 잘 해내곤 한다.

그러고 보니 옛날 아이들은
어른들의 간섭이나 도움 없이 자기들끼리 놀면서 규칙 정하고
질서 잡아가며 맡은 바 역할을 잘 해내곤 하였었다.
형들이 썰매, 연, 팽이 만드는 모습을 곁눈질한 이후에
이리저리 생각하여 혼자서 만들었고,
언니들이 뜨개질하고 나물 캐고 고무줄놀이 하는 것을 구경한 다음에
스스로 연습하여 잘할 수 있게 되었다.
그런데 오늘 우리들의 일반적인 모습은 어떠한가?
첫째도 공부요 둘째도 공부다. 그리고 안전이다.
아이의 손에 흙 묻게 만들고 이마에 땀 흘리게 하는 일은
공부 방해하는 나쁜 일이고 안전을 위협하는 어리석은 짓이라고 말한다.
'젊어서 고생은 사서도 한다'는 말의 의미를 모르는 사람처럼
노동의 가치를 인정하지 않으려 하고
아이들을 연약한 바보로만 키우려 한다.
영어단어 외우고 수학 정답 찾아내는 방법만 가치 있는 일로 여길 뿐
노동하고 운동하고 여행하며 쉬는 일은 시간 낭비라며 무시한다.
다양한 경험을 쌓을 기회를 주어야 하고
자신의 특기와 적성을 알아낼 기회를 주어야 하며

자신의 진로에 대해 고민할 시간 주어야 한다.

노동의 신성함과 어려움을 경험하도록 하는 일도 필요하다.

삶에서 필요한 것이 사람에 대한 이해인데

사람에 대한 이해는

그 사람이 하는 일을 직접 경험하는 것이 가장 효율적이다.

어렸을 때 농사일을 도왔던 경험은

농촌과 농민에 대한 이해를 확실하게 만들고

배고팠던 경험은 가난한 사람들에 대한 이해를 깊게 만든다.

어른이 되면 하기 힘든 일들을

학창 시절에 다양하게 경험하도록 도와주는 일은

더불어 사는 사회를 만들어가기 위해 필요한 어른들의 책무다.

또, 다양한 체험은 진로 선택에 도움이 되기도 하고,

건전한 인격 함양과 삶의 질 향상에도 도움을 준다.

<u>자녀를 진정으로 사랑한다면</u>

<u>스스로 선택하게 하고</u>

<u>스스로 할 수 있는 기회를 주며</u>

<u>스스로 책임지도록 하여야 한다.</u>

<u>다양한 경험을 통해</u>

<u>스스로 성장할 수 있도록 도와야 하고</u>

<u>그 과정에서 깨달음의 기쁨을 맛보도록 도와주어야 한다.</u>

팔이 없는 장애우가 발로 운전하고 발과 입으로 요리하고

글씨 쓰고 그림그리는 것 보지 못하였는가?

인간에게는 무한 능력이 있음을 인정해야 하고

다양한 경험이 올바른 인격 만드는 필요조건임을 알아야 하며
아이들에게는 상상 이상의 능력 있음도 인정해야 한다.
체육대회, 축제 등을
자기들끼리 기획하고 진행하는 학생들이 대견스럽고,
믿고 맡겨주는 선생님들도 자랑스럽다.
자기들끼리 심판을 보아도 경기를 무난하게 마무리되고,
기획에서 연출까지 아이들 스스로 치르도록 하여도
축제는 멋지고 아름답게 마무리 된다.
인간은 믿음에 보답하는 존재임을 아이들을 통해 확인하곤 한다.

아이들의 능력이 부족할 것이라고 걱정하지 말고
아이의 성장을 방해하지 않았는지 뒤돌아보아야 한다.
자기가 결정하지 않는 일에서는
성취감 느끼기 어렵고 보람 느끼기도 어려우며
자신감 키우기도 어려운 법이다.
부모 역할은 자녀가
자신의 삶을 스스로 개척해나가도록 맡겨주고 기다려주는 일이다.

자신이 결정할 수도 있는 일을 누군가가 대신해 주었을 때
분노했던 경험 있을 것이다.
자기는 자신의 일을 자신이 결정하고 싶어 하면서도
자기는 자신의 일에 남이 간섭하면 화를 내면서도
자녀의 일에 적극적으로 간섭하고 결정하려 덤비는 행위는
모순임과 동시에 자녀 바보 만들기 작업 그 자체다.

늦게 시작해도 괜찮아

공자는 15세를 지학(志學), 30세를 이립(而立),
40세를 불혹(不惑), 50세를 지천명(知天命), 60세를 이순(耳順),
70세를 종심소욕불유구(從心所慾不踰矩)라 하였다는 사실을
배웠던 것 같긴 하지만,
시험에 대비하여 외우려 하였을 뿐
의미를 이해하려 하지 않았고 의미에 공감하지도 못하였었다.
학생들을 가르치면서도 정확하게 알지 못하였었는데
몇 년 전에야 이 말들의 의미를 이해할 수 있게 되었고
공감하게 되었으며 고개 끄덕일 수 있게 되었다.

'뜻 지(志)' '학문 학(學)'의 지학(志學)은 15살을 일컫는데
학문에 뜻을 두게 되는 나이라는 의미다.
15살이면 중2쯤 되는데, 그 나이가 되어야 비로소
공부다운 공부를 할 수 있게 된다는 이야기다.
15살 이전에는 공부해도 시간 투자에 비해 효율이 적고
큰 실력 향상도 이루어낼 수 없다는 이야기인 것이다.

30살을 '설 립(立)'자를 써서 이립(而立)이라 하였는데

스스로 설 수 있는 나이라는 의미다.

부모나 스승에게 의지하거나 얽매이지 않고

스스로 판단하고 결과에 책임져야 한다는 의미인 것이다.

40살을 '미혹될 혹(惑)'을 써서 불혹(不惑)이라 하였다.

미혹되지 않는다는 의미로,

자신의 생각이 확실하게 정리되어

다른 사람의 말에 흔들리지 않는다는 이야기인 것이다.

50살을 지천명(知天命)이라 하였는데

'알 지(知)' '하늘 천(天)' '명령할 명(命)'으로

하늘의 명령을 알게 되는 나이라는 의미이고

50살 되어야만 비로소 세상 이치를 알게 된다는 말이다.

15살에 공부 시작하였다는 말을 곱씹어 볼 수 있어야 한다.

공자가 15살에 공부를 시작하였다는 말은

15살 이전에는 마음껏 놀아도 된다는 이야기일 수 있으니까.

지식과 지혜 뛰어나고 성인(聖人)이라 칭송받는 공자께서

15살에 공부 시작하였음에 주목하여

우리도 15살까지는

공부의 기본만 하도록 하고 마음껏 놀도록 하면 안 될까?

15살에 공부 시작해도 늦은 것 아니라는 사실을 인정하면 안 될까?

늦깎이 공부로 성공한 사람 많다는 사실에 고개 끄덕이고

어렸을 때부터 공부시키지 않아도, 15살에 공부 시작해도

공부 잘할 수 있고, 뜻 펼칠 수 있으며 멋지게 살 수 있다는 사실을

인정해주면 안될까?

우리 사회는 왜 너나없이 공부 공부 공부만을 강조할까?

중요하다는 생각 때문일 것이고,

욕심 때문이기도 하겠고, 여유가 없기 때문이기도 하겠지만

보다 근본적인 이유는

따라하지 않으면 안 될 것 같은 원초적 불안감 때문 아닐까.

불안해하지 않으면 좋겠다.

공부 못해도 괜찮다고 생각해주면 좋겠고

15살에 공부 시작해도 늦지 않다고 생각해 주면 좋겠다.

모두가 "예"라고 말할 때

"아니오"라고 말할 수 있는 용기,

지금 우리 학부모님들에게 가장 필요한 용기다.

10킬로미터 떨어진 곳으로 흙을 나르는데

손으로 움켜쥐어 10년을 나른 양보다

손수레에 실어 10일 나른 양이 훨씬 많다는 사실을 인정한다면

초등학교 6년 동안 억지로 공부시키는 일이

어리석은 욕심이라는 사실

알아야 하는 것 아닌가?

선생님의 힘 빌리고 선생님께 힘 줄 수 있어야

오해할까 걱정되어 먼저 밝힌다.
물질이 아니어야 한다는 사실과 졸업 후라야 한다는 사실.

"지난번에 〇〇이가요,
대학에 합격했던 때보다
선생님이 고3 담임된 것을 확인했을 때가 더 기뻤다고 이야기했어요."
어느 날 찾아온 졸업생 제자에게 들었던 이야기인데,
지금 생각하여도 날 기쁘게 만들어주기에 충분한 말이었고
동시에 책임감을 느끼게 만들어주는 말이었다.
현재 해외 한국인 학교에서 파견교사로 근무하고 있는 제자는
고1 때와 고3 때 내가 담임 맡은 반 아이였다.
고맙게도 내 말을 철저하게 믿어주었고
내 가르침에 감사의 마음으로 따라주었으며
믿음의 눈길로 나에게 힘이 되어 주곤 하였었다.
무슨 일을 하려다가도 하지 말라면 군소리 없이 그만 두었고
하지 않으려다가도 해야 된다고 말하면 미소로 응해 주었다.
감사의 눈길을 건네주면서 수시로 나에게 힘을 주곤 하였었다.

대학입시 상담 때, 모든 아이들을 정성껏 상담하였지만

그 제자에게 더더욱 신중할 수밖에 없었던 이유는

나를 믿고 내 지도에 잘 따라주었는데 결과가 좋지 않으면

내 잘못이 될 수밖에 없다는 책임감 때문이었다.

합격자 발표일, 내 아들딸만큼이나 많이 긴장하였고

혹시 빨리 발표할 수도 있다는 생각에

발표 2시간 전부터 쉼 없이 마우스를 클릭 또 클릭하였다.

합격을 확인하였고 곧바로 전화번호를 눌렀는데

"○○아! 합격했다."

라는 말이 끝나기도 전에 눈물이 나오고 목이 메어서

"축하한다."는 말도 하지 못한 채 전화를 끊어야 했다.

졸업 후에도 만남은 계속되었고

임용고시 낙방 소식을 들었을 때에는 슬픔의 눈물을,

합격 소식을 들었을 때에는 기쁨의 눈물을 흘렸었다.

교사가 피해야 하는 일 중 하나가 편애(偏愛)임을 잘 알기에,

교사의 편애는 어떤 경우에도 용서받을 수 없다고 생각하기에,

교단에 서는 동안 편애하지 않으려 노력했지만,

그동안 편애하지 않았노라 자신 있게 이야기할 수는 없을 것 같다.

교사도 인간인지라, 나를 신뢰하고 따라주는 학생에게

더 많은 사랑과 관심을 베풀었음을 고백해야만 할 것 같다.

국회의원을 지내기도 했던 유명 소설가는

자신의 아들은 자신을 인정하지 않음을 넘어 무시하기까지 한다 하였고

서울대학교 어떤 교수 역시

자신은 아내에게도 자녀에게도 인정받지 못하고 있으며
가정에서 자신의 의견은 거의 받아들여지지 않는다고 말하였다.
두 사람만의 이야기 아니라 거의 모든 가정의 이야기일 것인데
이를 통해 우리는
부모가 자녀를 교육하는 일은 결코 쉬운 일이 아님을 확인할 수 있다.
부모 말보다 교사의 말이 훨씬 무게가 있다.
부모의 말에는 반항할지라도
선생님 말은 경청하고 실천하는 경우가 일반적이다.
자녀를 사랑한다면 자녀가 올바르게 성장하고 싶다면
교사에게 힘을 주어야 하는 분명한 이유다.

교사의 힘을 빌릴 수 있음이 현명함이다.
부모가 아무리 능력이 있고 사랑이 넘친다 해도
청소년기의 아이들은 기본적으로 부모보다 선생님을 신뢰한다.
똑같은 말이라도 부모가 이야기하면 고개부터 흔들지만
선생님의 이야기에는 고개 끄덕이는 것이
중ㆍ고등학생들의 기본 심리다.
그렇기 때문에 할 수 있는 범위 내에서
선생님을 이용하는 것이 현명하다.
부모님께서 하고 싶은 말, 선생님께 대신 해달라고 부탁하면 어떨까.
같은 말일지라도 부모의 말은 잔소리같지만
선생님의 말은 귀담아 들어야 할 말이라 생각하기 때문이고
선생님의 말과 행동은 아이들에게 그대로 스며들기 때문이다.
선생님에게 힘을 주는 것이 현명함이다.

4장 부모가 바뀌어야 아이가 바뀌는데

선생님에게 힘을 주어서, 선생님이 좀 더 많은 열정 가지고
아이들을 지도할 수 있도록 하는 것이 지혜로움이다.
어떤 경우에도 열정 갖고 신나게 아이들을 지도해야 옳지만,
선생님도 인간인지라 오랜 시간 아이들과 부대끼는 과정에서
아이들에게 상처받고 학부모에게 실망하여
힘을 잃게 되는 경우도 적지 않음을 인정해야 한다.

선생님에게 힘을 주는 것은 결국 자녀를 위하는 일이다.
선생님의 교육 철학에 관심 보여주어야 하고,
선생님의 작은 말이나 행동에 감사하다 말해주어야 하며
박수 보내주어야 하고 응원 문자 보내주어야 한다.
의욕 가지신 선생님은 의욕을 더 크게 키워갈 수 있을 것이고
의욕 잃은 선생님은 힘을 낼 수 있을 것이며
그것은 오롯이 아이들의 성장으로 이어질 것이다.

칭찬은 고래도 춤추게 한다고 하였다.
아이들에게만 칭찬이 필요한 것 아니고
선생님에게도 칭찬은 필요하다.
솔직히 말해, 교직 사회 시스템에 문제가 있다.
상벌이 없다는 것이 그것인데,
상도 없고 벌도 없기 때문에
타성에 젖기 쉽고 열정이 사라질 수밖에 없다.
선생님에게 열정 불어넣을 수 있는 사람은 학생과 학부모다.
가수가 청중들의 박수에 힘을 내고

운동선수가 관중들의 응원에 힘을 내는 것처럼

선생님 역시 학생 학부모의 박수와 응원에 힘 낼 수 있다.

박수 받기 위해 열심히 하는 것은 아니지만

흘린 땀이 인정받게 될 때 힘이 생기는 것이 인지상정이다.

오해할까 걱정되어 다시 한 번 밝힌다.

물질로가 아니라 편지나 문자나 전화여야 한다는 사실,

졸업 후의 감사와 칭찬이 더 큰 힘이 된다는 사실.

용서와 사랑이 정답

촌놈이었다. 가난했다.

중학교 1학년, 왕복 16킬로미터 거리를 무거운 가방을 들고 걸었고

2학년 때에는 고물 자전거로 자갈 깔린 신작로를 달렸으며

3학년 때에는 학교 책상 위에서 자고 새벽 첫차로 집에 가서

도시락 두 개를 싸들고 다시 등교하곤 하였었다. 물론

공부한 것 아니라 공부하는 폼만 잡았긴 했다. 지금 생각하니.

어느 날, 일어나니 친구들이 등교하고 있었다.

늦잠을 잔 것이다. 집에 가지 못했다.

1교시 후, 누군가 어머니께서 교문에 와 계신다고 일러주었는데

고마웠을까? 짜증났을까?

화가 났다.

어머니는 제대로 된 옷 한 벌 없으셨고,

그때 나는 중학교 3학년이었으니까.

친구들에게 초라한 어머니의 모습을 들켰다는 생각에 화가 났고

빨리 돌려보내야 한다는 생각에 교문 밖으로 뛰쳐나갔다.

그리고 어머니를 향해 눈을 부라렸다.

"창피한 줄도 모르느냐?"

"밥 한 끼 굶는다고 죽는 줄 아느냐?"

작지만 크게 소리 지르며 빨리 가라 등을 떠밀었다.

도시락도 받지 않고 돌아섰다.

그런데 어머니는 어머니셨다. 2교시가 끝나자

누군가의 손에 의해 눈물 젖은 보자기에 싸인 도시락이

내 책상 위에 올려졌다.

정말로 나는 싸가지 없는 나쁜 놈이었다. 그랬던 내가,

내 입으로 말하기 쑥스럽지만 서른 살 넘어서면서부터

동네 사람들로부터 효자라는 말을 듣곤 하였다.

어머님께서는 단 한 번도

체벌이나 폭언이나 욕설을 하시지 않으셨다.

공부 않고 싸돌아다녔지만 못마땅한 표정 짓지 않으셨고

공부하라는 잔소리 한 번 하지 않으셨으며

나의 미래에 대해서도 걱정 한 번 하지 않으셨다.

진심으로 믿어주셨고 알아서 잘 하라 격려만 해주셨다.

나뿐 아니라 형 누나들도 지금 부끄럽지 않게 열심히 살고 있음은

어머님의 사랑과 믿음 때문이라고 굳게 믿고 있다.

청소하려고 마음먹었는데 누군가 청소하라 하면

하려던 청소도 하기 싫었던 경험 있지 아니한가?

무슨 일이든 자신이 하고 싶을 때라야 잘 할 수 있는 법이다.

누군가의 간섭이나 강요에 의해 억지로 하는 일은

좋은 결과를 가져오지 못한다. 가능하면

4장 부모가 바뀌어야 아이가 바뀌는데

잔소리 하지 말고 지켜보면서 기다려야 하는 이유이다.

조바심 나고 궁금하고 미덥지 못하더라도

믿고 기다려주는 것이 답이다.

즐거운 기분이어야 공부도 잘 할 수 있기 때문이다.

누군가와 다툰 후, 일이 제대로 되지 않았던 적이 많았고

두뇌로 하는 일은 더더욱 그랬다.

스스로 하고 싶을 때까지 믿고 기다려주는 것이 답인 것이다.

공부는 학생과 학교에 맡기고

부모는 칭찬하고 격려해주는 역할만 맡으면 된다.

안 하니까 야단치는 것 아니겠느냐고,

스스로 잘하면 누가 잔소리하겠느냐고 말하는 분들도 많다.

이해 못하는 바 아니지만,

말을 냇가에 끌고 갈 수는 있어도

억지로 물을 먹일 수 없다는 사실을 알아야 한다.

한 두 번은 가능할지 몰라도 길게 가지는 못하는 것 분명하다.

잔소리하고 야단치고 윽박질러서 공부 잘 하게 된 경우는 없다.

포기해야 하느냐고? 그렇다.

눈물 날 수 있겠지만 포기하는 것도 괜찮은 선택이다. 그런데

영원한 포기가 아니라 한시적 포기이다.

공부는 고등학교 때까지만 하는 것 아니고

대학에 가서도 해야 하는 것이기 때문이다.

아니 진짜 공부는 대학 졸업 후에 해야 하는 것이기 때문이다.

이 세상에서 누구를 제일 사랑하는가? 자식 아닌가?

그 사랑스런 아들딸에게 스트레스를 주는 것은
공부를 방해하는 일이면서 동시에
영원한 친구 보호자 될 사람과 헤어지려 몸부림치는 어리석음이다.
사랑하기 때문에 지적하고 야단치는 것은 이해하지만
그 결과가 마이너스라는 사실은 분명하게 말해주고 싶다.
방관하라는 이야기가 아니라 믿어주고 기다려주라는 이야기다.

고등학교 성적이 좋지 못하여 원치 않은 대학에 들어갔지만
대학 입학 이후에 열심히 공부하여 성공한 사람들 많다.
명문대 출신이 훌륭한 성공할 확률이 높은 것은 사실이지만
지방 사립대학을 졸업하고도 멋지게 성공하는 사람 적지 않다.
공부, 잘 하면 좋지만 못해도 괜찮다 생각 할 수 있어야 하고,
우리나라도 머지않아
블루칼라도 화이트칼라 못지않은 보수를 받으며
여유롭고 행복하게 살 수 있게 된다는 사실까지 알아야 한다.

부모가 해야 할 일이 무엇이냐는 질문을 종종 받는다.
앞서 아침밥 먹이는 것, 11시에 자도록 하는 것이라 말한 바 있는데
거기에 덧붙이자면
기회를 주는 것과 스스로 선택하도록 하는 것,
그리고 그 선택에 대해 책임지도록 하는 것,
칭찬하고 격려하는 것, 기다려주는 것이라 말하고 싶다.
무관심, 방관이 아니냐고 말하는 이가 있을 것 같은데
무관심, 방관이 아니라 아이를 똑똑하게 만드는 방법이다.

관심을 가지고 지켜보기는 하되 참견하지 말아야 하고
실수하고 잘못했을 때에 야단치지 말고 기회를 다시 주어야 한다.
참견하지 않고 야단치지 않음이 훨씬 교육적이기 때문이다.

명나라에 만력제라는 황제가 있었다.
어렸을 때부터 총명하고 공부를 좋아해서
기대를 한 몸에 받았다고 한다.
장거정이라는 훌륭한 학자가 스승으로 뽑혀 교육에 들어갔는데
엄격하게 지도하면서 야단만 쳤기 때문에
공부에 흥미를 잃었을 뿐 아니라 성격까지 이상하게 변하였고
스승이 죽자 그 스승을 부관참시까지 하였다고 한다.
정사를 돌보지 않았기 때문에 민심이 뒤숭숭해졌고
이자성의 난이 일어났으며, 그가 죽은 지 24년 후에
명나라는 멸망을 맞이하고 말았다고 한다.
엄격하게 교육시키면
훌륭한 지도자가 될 것이라는 생각으로 교육하였지만
분노와 두려움으로 공부에 흥미를 잃어버리게 되었고
폭군에, 무능한 황제로 삶을 마감해야 했었다는 사실에
주목해야 한다.
사랑으로 가르쳤더라면
그 총명함으로 훌륭한 군주가 되었을 터인데.
엄격한 교육의 결과가 좋을 수도 있지만
나쁜 경우가 훨씬 많다는 사실도 명심하면 좋겠다.

돌아가는 것이 이익이 될 수도

가끔씩 버스를 타고 출퇴근 하는데
직접 운전할 때는 보이지 않았던 것이 보일 때가 많다.
또, 핸들 잡았을 땐 아무런 생각 없이 운전만 하지만
버스에 앉아서는 이런저런 생각도 많이 하게 되고
승객들의 대화 속에서 깨달음을 얻기도 한다.
운전하면서는 보지 못했던 것을 보게 되고
운전하면서는 생각하지 못했던 것을 생각하게 되는 것이다.
운전하면서 10년 넘게 다녔던 길에서
그동안 보지 못하였던 것들을 볼 수 있었음은 새로운 발견이었다.
더디 가는 것이 오히려
빨리 가는 방법이 될 수도 있다는 깨달음도 적잖은 소득이었다.

어느 날인가는 아예 걸어보았다.
빠른 걸음으로 1시간 20여분 걸렸는데,
속옷이 완전히 젖을 정도로 운동이 되었고
버스를 타고 가면서는 눈에 들어오지 않았던 것들이
뚜렷하게 눈에 들어왔다.

4장 부모가 바뀌어야 아이가 바뀌는데

늘 다니던 길에서 여행의 재미를 만난 것이다.
손해될 것 같았던 더디 가기가
적잖은 이익으로 돌아올 수도 있다는 사실을 알게 깨닫게 된 것은
신나는 발견이었고 알토란 같은 소득이었다.

낑낑대는 일,
꼼꼼하게 살피는 일,
이렇게 저렇게 생각해보면서 머리를 쥐어짜는 일은
시간 낭비의 어리석은 행동이라 이야기하는 사람이 많은데
결코 그렇지만은 않다.
얕은 불에 오래 삶아야 제대로 된 맛을 낼 수 있는 것처럼
공부 역시 오랜 시간 깊게 생각하고 고민하여야만
진정한 지식을 쌓을 수 있게 된다.
깊게 생각하고 낑낑대는 것만큼 중요한 공부 방법은 없다.

땀 흘림 없이 근육을 키울 수 없고
헉헉거림 없이 지구력을 키울 수 없는 것처럼
시행착오 없이 가는 길에서는 어떤 것도 얻을 수 없다.
머리를 쥐어짜지 않고, 머리에 쥐나지 않고, 힘들지 않고,
고통스럽지 않고, 괴로워하지 않고, 망각 속에서 헤매보지 않고
공부 잘하는 것은 불가능하다.
시간 많이 걸린다고, 힘들다고, 짜증난다고
불가능할 것이라 이야기하지 말고
그 상황을 견디고

가능하면 즐길 수 있어야 발전 가능하다.

키가 크려면 뼈마디가 아파야 하고

아이를 낳으려면 온몸이 고통스러워야 한다는 사실

잊으면 절대 안 된다.

쉽게 얻을 수 있는 것은 없다는 사실을 알아야 하고

쉽게 얻은 것은 쉽게 잃어버리지만

어렵게 얻은 것은 오래 오래 간직하게 된다는 평범한 진리도

되새김질 할 수 있어야 한다.

장래 희망을 정하지 못했더라도

장래 희망을 정하지 못하였다는 이유로 혀를 차면서
진로를 빨리 정하라고 닦달하는 부모님 때문에
힘들어하는 아이들이 많다.
꿈을 찾기 위해 나름 노력하였지만
찾을 수 없었노라 고백하는 아이들도 있고,
찾긴 했지만 실망할까봐 말하지 못하겠다는 아이들도 있다.
그런데 아홉 번을 고3 담임 해본 교사로서 해줄 수 있는 말은
낑낑대며 찾아낸 진로대로 진학하는 경우가 많지 않으니
걱정하지 않아도 괜찮다는 이야기이다.
스스로 자연스럽게 꿈을 찾고 진로를 정하는 것은 좋은 일이지만
중요한 일을 포기하면서까지 억지로 찾을 필요 없다는 이야기다.

학과 선택이 적성이나 특기나 꿈에 의해서가 아니라
점수에 의해 결정되는 경우가 대부분인 것이 오늘날 우리의 현실이다.
고1 때 정했던 진로에 맞게 학과를 정하는 경우는 10퍼센트 미만이고
고3 초에 정했던 진로 희망대로 입학 원서를 쓰는 아이는
열에 셋도 안 되는 것이 지금의 현실이다.

의사가 되고 싶은 마음은 없었는데
점수가 잘 나와서 의대에 진학하는 아이들도 있고,
의사가 되고픈 꿈 6, 7년을 간직하고 있었음에도
성적 때문에 생각지도 않았던 학과를 선택해야 하는 학생도 많다.
자신의 점수와 입시기관에서 제시한 예상 커트라인을 놓고
씨름하고 고민하면서 그동안 고민하여 찾았던 꿈을
깡그리 무시하는 경우가 대부분이다.
세상이 총알처럼 빠르게 변화하는 것도
장래 희망을 굳이 애써 정하지 않아도 되는 이유다.
지금 있는 직업 많이 없어지고
현재는 상상하지도 못하는 직업이 생겨날 것 분명하기 때문이다.
사회인으로서의 자질 키우면서 하루하루 충실하게 사는 것이
잘 준비하는 것이고 잘 생활하는 것이라고 생각해야 한다.

설령 목표대로 진학하지 못할지라도
장래 희망을 정하면
그 목표 달성을 위해 노력할 것이기 때문에
보다 열심히 공부하게 된다는 긍정적 효과가 있는 것은 맞지만
억지로 찾으려다 시간 낭비하고
스스로를 못났다 책망하면서 자신감 자존감을 잃을 수 있음도
생각할 수 있어야 한다.
장래 희망을 정하지 못했다는 이유로 괴로워하지 않으면 좋겠다.
이런 과정 저런 경험을 통해 스스로 자연스럽게 정한다면
자랑스럽게 생각해주고 칭찬해주고 격려해줄 수 있지만

조급한 마음으로 부리나케 억지로 정할 필요는 없다는 말이다.
또, 세상 눈치 부모 눈치 보면서 정하였다면
그 결정은 언젠가 변할 것이고
그 결정에 대해 후회하게 되는 경우도 많을 것이다.

진정으로 자녀의 꿈을 찾아주고 싶다면
아이를 현장으로 보내 스스로 체험하도록 하는 것이 좋다.
현장의 체험을 통해서
자신의 적성에 대해 판단해볼 수 있도록 하고
그 체험을 바탕으로 진로를 결정할 수 있음이 최상이다.
중요한 것은 서두르지 말고 조바심내지 말아야 한다는 것,
시간이 걸릴지라도 스스로 선택할 때까지 기다려주어야 한다는 것
가능한 그 선택을 존중해주어야 한다는 것이다.

열심히 사는 모습 보여줄 수 있어야

자식에게 무엇이라도 풍성히 주고 싶어 하는 부모의 마음은
조물주가 모든 생명체에게 준 본능인데
대부분의 인간은 이 본능에 충실하고 있다.
학부모 또한 그렇다. 뭔가 해주고 싶은 욕심으로,
학부모로서 무언가 해야만 한다는 생각으로 늘 두리번거린다.
하지 않으면 나쁜 부모일 것 같다는 강박관념을 버리지 못하고
뭔가를 해야만 할 것 같은데 마땅히 할 일이 없다는 사실 앞에
당황스러워 하기도 한다.
그런데 부모가 자녀를 위해 할 수 있는 일은 의외로 없다.
없음에도 불구하고 억지로 찾아 나서는 것은 우스운 일이다.
하지 말아야 할 일, 하게 되면 오히려 손해 끼치는 일을
자신의 만족을 위해, 자신의 맘이 편하자고 하는 것은
자녀에게 약이 아닌 독을 주는 행위다.
뱀을 다 그리고 난 다음에, 잘난 체 하기 위하여
있지도 않은 발을 그려 넣었다가 오히려 술을 빼앗겼다는
화사첨족(畵蛇添足) 고사를 발견하는 일은 어렵지 않다.
고3 수험생 부모라 해서 특별할 것은 없다.

4장 부모가 바뀌어야 아이가 바뀌는데

도와준다고 하는 일이 오히려 방해가 되는 경우가 많을 뿐이고
쓸데없는 참견으로 아이를 귀찮게 하고 짜증나게 만들어
오히려 자녀의 공부를 방해하는 경우가 허다하다.
공부는 학생이 하는 것이므로
쓸데없는 참견으로 아이들 공부를 방해하지 말고
자신에게 주어진 일에 충실하고 취미활동을 즐기시는 것이 좋다.
아빠 엄마도 이렇게 열심히 즐겁게 생활하고 있으니
너도 열심히 생활해야 한다는 무언의 메시지를 보내는 일이고,
자신의 인생은 자신이 책임져야 하다는 가르침을 주는 일이며,
아빠 엄마는 너를 믿는다는 믿음의 표현이 되기 때문이다.

자녀를 신뢰하여 스스로 할 수 있도록 기회 주고
잘한 일에 미소를 띠면서 박수 보내주기만 하면 된다.
자신의 학창시절에 부모님께서 이것저것 대신 해주었을 때
기분이 좋았던 경우보다 짜증났던 경우가 많았었음을
기억해낼 수 있어야 한다.
도와준다고 하는 부모의 말과 행동이 오히려
아이의 마음에 상처를 주고 짜증을 유발하여
공부를 방해할 수 있음을 알아야 한다.
부모님이 해 주어야 하는 일은
믿어주는 것,
아침밥 먹도록 해 주는 것,
일찍 잠자도록 도와주는 것, 이 세 가지면 충분하다.
스스로 하도록 기회 주어야 훌륭한 부모이고

아이에게 반드시 필요한 일이라 판단될 때에만
그것도 도와달라고 부탁하였을 때에만 도와주어야 훌륭한 부모다.

공부는 학생의 몫이다.
말을 물가에까지 끌고 갈 수는 있어도
억지로 물을 먹일 수 없는 것처럼
부모가 학생에게 억지로 공부를 시킬 수는 없음은 분명하다.
부모가 할 수 있는 일은
아이가 공부할 마음을 가지도록 하는 것일 뿐인데,
채찍보다는 당근이 정답임을 알아서
믿음과 격려와 칭찬을 아끼지 않는 것이 좋다.

공부는 책으로 하는 것이 가장 효율적이라는 사실을
분명하게 말하고 싶다.
누군가에게 배워서 실력을 쌓을 수도 있지만
생각을 많이 그리고 깊이 해야만 실력 쌓을 수 있다는
분명한 사실을 외치고 또 외치고 싶다.
잘 가르치는 선생님에게 배우는 일은 절대 중요하지 않고
스스로 생각하는 시간 익히는 시간을 갖는 일이 중요하다.
대학수학능력시험은 사고력을 측정하는 시험이고 사고력은
책과 씨름하고 친구들과 토론하는 과정에서 키워지기 때문이다.

부모의 역할은
열심히 자신이 해야 할 일을 열심히 하면서 즐겁게 생활하는 것이다.

주어진 일에 충실하면서 즐겁게 생활하는 것이 부모의 역할이다.
자식이 자신의 본분에 충실해주기 바라는 것이 부모 마음인 것처럼
자식 또한 부모가 생활에 충실하고 즐겁게 생활해주기를 소망하고
그 모습에서 편안함과 안정과 행복을 느낀다.
누군가가 자신을 위해 희생하는 것 바라지 않듯
자녀 역시 부모가 자신을 위해
희생하는 것을 바라지 않는다는 사실 알아야 한다.

교사와 부모의 역할은 가르쳐주는 일이 아니라
생각하고 행동하도록 도와주는 일이다.
지식을 전달해주기도 해야 하겠지만
생각하는 법, 사랑하는 법, 용서하는 법, 배려하는 법 등을
말이 아닌 행동으로 가르치는 것이다.
공부는 학생이 하는 것이고 책으로 하는 것이다.
교과서와 사전과 참고서를 보면서 스스로 깨우치는 것이다.
교사와 부모의 역할은
아이들의 머리에 지식을 넣어주는 것에 있지 않고
공부할 의욕을 북돋워주고 격려하고 칭찬하는 것에 있다.

한자는 구구단임을 알아야

바보처럼 살았다는 생각을 가끔씩 하였는데
요즘은 바보처럼 공부했었다는 생각을 더 많이 하고 있다.
책을 많이 읽지 못하였었다는 후회보다 더 큰 후회는
쉽고 재미있게 공부할 수 있었음에도
어렵고 재미없고 비효율적으로 공부했다는 후회다.
책을 읽지 않고 공부를 게을리 한 것은 내 잘못이지만
공부를 어렵게, 재미없게, 비효율적으로 하는 것은
내 잘못보다 선생님들의 잘못이 더 크다는 생각을 해보는 것이다.
남을 탓하기 전에 자신을 먼저 반성하라 가르쳐왔던 내가
선생님들을 탓하는 이유는
한자를 이용하여 개념을 이해시키려 노력하셨던 선생님을
거의 만나보지 못했기 때문이다.

'이륙'과 '착륙'이 헷갈려 괴로웠던 기억이 있다.
'국경일'과 '공휴일'의 차이를 알지 못하였던 부끄러움도 있다.
3/4와 4/3을 놓고 무엇이 '진분수'이고 무엇이 '가분수'인지
고민하다가 기억력이 나쁨을 한탄하면서 연필을 부러뜨렸고,

4장 부모가 바뀌어야 아이가 바뀌는데

'to 부정사'가 무엇인지도 모르면서
'명사적 용법' '형용사적 용법'을 노트에 받아쓰기 바빴었다.
'방정식'과 '항등식'의 개념에 대해 고민하지도 않았고
암기한 공식에 맞추어 기계처럼 문제만 풀어재낀 다음에
동그라미나 사선 그어대기에 분주하였다.
공부는 재미없는 작업이었고
성적은 제자리걸음이었으며
꿈은 오그라들었었다.

누군가가 '떠날 이(離)' '이별할 이(離)' '땅 륙(陸)' '붙을 착(着)'
이라고만 말해주었어도 괴로움 없었을 것이고,
'나라 국(國)' '경사 경(慶)' '날 일(日)'의 국경일(國慶日),
'여러 공(公)' '쉴 휴(休)' '날 일(日)'의 공휴일(公休日)인 것이라고
누군가 귀띔해 주기만 했어도
공부도 학교생활도 재미있었을 것이다.
그런데 안타깝게도 이러한 사실을
선생이 되고서도 한참이 지난 다음에서야 알 수 있게 되었다.
"분수(分數)는 '나눌 분(分)' '숫자 수(數)'로
1보다 작은 숫자를 나타내기 위해 만들었다.
그렇기 때문에 1보다 작으면 진짜 분수이고
1보다 크면 거짓 분수이다.
1보다 작으면 '참 진(眞)'의 '진분수'인 것이고
1보다 크면 '거짓 가(假)'의 '가분수'인 것이다."
라고 선생님께서 설명해 주었더라면 삶도 공부도

재미있었을 것이라는 생각을 돋보기를 쓸까 말까 고민하는
지금에서야 할 수 있게 됨이 많이 안타깝다.

다산 정약용선생은 유배지에서 그의 자녀들에게
독서법(공부법)에 대해 다음과 같이 제시한 바 있다.

"내가 몇 년 전부터 독서에 대하여 자못 깨달았는데,
헛되이 그냥 읽기만 하는 것은 하루에 천 번 백 번을 읽어도
오히려 읽지 않는 것이다. 무릇 독서할 때
도중에 한 글자라도 의미를 모르는 곳을 만나면
모름지기 널리 고찰(考察)하고 세밀하게 연구(研究)하여
그 근본 뿌리를 깨달아 글 전체를 이해할 수 있어야 한다.
날마다 이런 식으로 책을 읽는다면
한 가지 책을 읽더라도 수백 가지 책을 아울러 보는 것이다.
이렇게 읽어야 읽은 책의 의리(義理. 뜻과 이치)를
환히 꿰뚫어 알 수 있으니 이 점을 꼭 알아야 한다."

학창 시절의 내 지적 능력이 형편없었던 것과 마찬가지로
요즘 학생들의 지적 능력 역시 무척 초라하다.
피상적으로 아는 것은 많지만 정확하게 아는 것은 극히 적고
객관식 문제의 답을 찾아내는 능력은 있지만
그 내용에 대해 설명할 수 있는 능력은 많이 부족하다.
3, 40년 전 학생들은 공부 양이 적었어도 아는 것이 많았지만
지금의 학생들은 엄청나게 많은 시간과 돈을 투자함에도

지식도 지혜도 많이 부족하다.

어른들의 잘못이고 선생님들의 잘못이다.

알려주기 이전에 이해시켜주어야 하고

이해시키기 위해서는 한자를 이용하여

개념을 분명히 알 수 있도록 도와주어야 함에도

대부분의 선생님들은 개념 설명은 해 주지 않고

무조건 열심히 하면 된다며 윽박지르고,

개념을 이해할 시간조차 주지 않으며,

스스로 생각하여 깨달을 시간도 주지 않고,

무조건 배우라 이야기하고 무조건 암기하라 닦달하기만 한다.

무슨 일에서든 기초가 중요하고 공부에서도 예외가 아닌데

공부에서는 어휘가 기초이다.

어휘력이 없으면 문장의 의미를 알지 못하고

글쓴이의 의도를 이해하지 못하며 지식도 지혜도 쌓을 수 없다.

그럼에도 요즘 대부분 학생들의 어휘 실력은 수준 이하다.

배우기에만 힘쓸 뿐 탐구하기에 힘쓰지 않았기 때문이고

사전 가까이 하지 않고 한자를 멀리하고 있기 때문이다.

어휘의 정확한 의미를 알기 위해서는

사전을 가까이 해야 한다.

국어사전은 기본이고 한자사전까지 가까이해야 한다.

더디고 시간이 걸리더라도 국어사전을 펼쳐보아야 하고

이어서 한자사전을 뒤적여서 확실하게 이해할 수 있어야 한다.

그런데 요즘 아이들은 모르는 단어가 나와도

귀찮다는 이유, 시간이 없다는 이유로 사전을 찾지 않는다.
의미도 모른 채 암기하고 문맥 통해 대충 이해하고 넘겨버린다.
공부에 투자하는 시간이 많음에도
정확한 지식 습득할 수 없고 재미 느낄 수 없으며
실력 향상시킬 수 없는 이유다.

아날로그는 아날로그대로의 장점과 역할이 있고
디지털은 디지털대로의 장점과 역할이 있는 것처럼
한글은 한글대로의 우수성과 역할이 있고
한자는 한자대로의 우수성과 역할이 있다.
냉장고와 자동차가 외국으로부터 들어왔지만
이미 우리 것이 되어 우리가 잘 활용하고 있는 것처럼
한자 역시 비록 중국으로부터 왔지만 진즉 우리 것이 되어
지극히 유용하게 사용하고 있으니
우리 글자로 인정해주어야 한다.
한글이 세계에서 가장 훌륭한 문자인 것 맞지만
100점 아닌 99점 글자임을 인정하고
그 1퍼센트의 부족함을 한자가 보충해줄 수 있다고 생각해주면 좋겠다.
한글의 부족함을 한자를 통해 보충하는 것은
비난받을 일도 부끄러워할 일도 분명 아니다.
한자를 활용하지 않은 언어생활, 학문연구, 문화생활은
전기, 컴퓨터, 인터넷을 거부하는 일이나 마찬가지다.
한자는 누가 뭐라 해도 또 하나의 우리 글자이고,
학문에서는 물론 일상생활에서도 매우 유용한 도구이기 때문이다.

　　　　　　　　　　　　　　　4장 부모가 바뀌어야 아이가 바뀌는데

중학교 때, 아니 고등학교 때에라도
한자를 이용한 개념 중심의 공부를 하였더라면
많은 시간 책상 앞에 앉아있지 않고서도
훨씬 좋은 점수를 받을 수 있었을 것이라는 생각이
나를 흥분하게 만들기도 하고 슬프게 만들기도 한다.
암기하려 하지 말고 개념을 철저하게 파헤쳐서
완벽하게 알려고 노력해야 한다.
귀찮고 짜증나고 시간이 아깝다 생각될지라도
기본 개념에 대한 철저한 이해, 반드시 해야만 한다.
비결은 이것이다. 이렇게만 공부하면
공부도 재미있는 작업이 될 수 있고 효율도 높일 수 있다.

'얻음' 뒤의 '잃음'도 볼 수 있어야

앞에서 간간히 이야기했지만

너무 중요한 이야기이기에,

반드시 들려주고 싶은 이야기이기에 다시 한 번 정리해본다.

아이들이 졸고 있다.

등교 하자마자 엎드리고 수업시간에도 졸며

수업 끝나면 또 엎드려버린다.

졸다가 자다가 먹다가 공부하다가 노는 일이

학교와 학원에서 일과가 되어버린 아이들이 적지 않다.

공부하는 모습이나 노는 모습은 예쁘지만

졸거나 자는 모습은 큰 아픔이다.

아이들이 졸거나 자는 가장 큰 이유는 늦게 자기 때문이다.

늦게 자는 이유는 공부, 과제, 게임, 텔레비전,

SNS, 간식, 스마트폰 등 여러 가지다.

게임, 텔레비전, 스마트폰 때문에 늦게 자는 아이들은 물론

공부하다 늦게 자는 아이까지 나를 마음 아프게 만드는 이유는

'얻음'만 생각할 뿐 '잃음'은 생각하지 못하기 때문이다.
밤에 한 시간 더 공부하는 이익만 중요하게 생각할 뿐
낮에 졸거나 자느라 제대로 된 공부를 하지 못하는 손해는
생각하지 못하기 때문이다.

득(得)만 생각할 뿐 실(失)은 생각하지 못함은 어리석음인데
많은 사람들은 이 사실을 모르고 있는 듯하다.
얻음과 잃음을 함께 생각할 수 있어야 하고
다섯 골 넣는 것만 중요하게 생각하지 말고
여섯 골 먹히는 것도 중요하게 생각할 수 있어야 한다.
공짜라며 사주는 만 원짜리 음식에 감사하기보다
음식 먹기 위해 소비한 교통비와 시간을 아까워할 수 있어야 하고
밤에 한 시간 더 공부하는 이익만 생각하지 말고
다음 날 졸거나 잠으로써 공부 못하는 손해를 생각할 수 있어야 한다.

득(得)을 좋아하면서도 결국 실(失)을 선택해버리는 이유는
'생각 없음' 때문이다.
어리석음 때문이고 서두름 때문이며 이기심 때문이기도 하지만
'생각 없음'이 가장 큰 이유다.
생각하는 백성이라야 산다고 했는데
요즘의 아이들은 생각하기를 귀찮아하고 거부한다.
생각 없이 앉아있고 생각 없이 받아쓰기만 할 뿐이다.
생각 없이 앉아서 시간만 흘려보냈음에도 공부했다 말하고,

받아쓰기만 해놓고선 공부했다 말하며,

조용히 들어줄 테니 가르쳐주기만 하라고 요구한다.

잘 배우고 많이 배우기만 하면

익히지 않아도 알 수 있게 된다는 착각에서 벗어날 줄 모른다.

대학수학능력시험은 사고력을 측정하는 시험이라 강조하여도,

사고력은 '생각 사(思)' '곰곰이 생각할 고(考)' '힘 력(力)'이라고

외치고 또 외쳐도

생각하는 연습 해본 경험 없기 때문인지 생각하기를 귀찮아한다.

사고력(思考力)과 창의력(創意力)이 중요한 것이라 강조하여도

당장의 시험 점수가 중요한 것이라며 문제풀이에만 땀을 흘린다.

오늘도 메모지에 '득실론'을 적고 또 적어본다.

판사가 양쪽 입장 정확하게 파악하고 생각한 다음에

판결을 내려야 하는 것처럼

우리도 우리가 하는 모든 일들에 대해

'얻음'만 생각하지 말고 '잃음'도 함께 생각한 다음에

행동으로 옮겨야 하는 것이라고

중얼거리고 또 중얼거려 본다.

글을 마치며

대한민국 교실의 슬픈 그림

아침 7시 30분. 본관 서편 출입문을 들어선다. 조용하다.

아이들의 숨소리 들리지 않는다.

4층에 올라 만나는 첫 번째 교실. 3학년 1반.

두 명의 아이가 앉아있는데 불도 켜지 않은 채

스마트폰 들여다보고 있다.

내 발소리도 듣지 못한 양

머리 절반은 이미 스마트폰 속으로 들어가 있다.

2반 3반 4반 5반 역시 마찬가지다.

교무수첩과 책을 챙겨 교실에 들어선다.

오늘은 내가 1등이다.

창문을 열어 제치고 쓰레기를 줍고 책상을 정리한 후

구석에 있는 내 책상과 의자를 교탁 옆으로 끌어와 앉아

책을 보고 있노라면 아이들이 들어오기 시작한다.

교실에 들어와 책을 펼치고 공부하는 아이도 있지만

한동안 책상 앞에 멍한 상태로 앉아 있거나

자리에 앉자마자 책상 위에 엎드려버리는 아이도 있다.

조회시간 종소리에 공지사항 전달하고 잔소리를 덧붙이지만

귀 기울이는 아이 열 명 남짓이다.
교실 문을 빠져나오는 순간 엎드려버리는 아이 예닐곱 명이다.

수업시간. 교실에 들어서면 예닐곱 명은 이미 잠든 상태.
친구들의 흔듦에 의해 겨우 일어나 눈 비비며 책을 꺼낸다.
초반 15분, 그런대로 수업에 참여하지만
이후 졸기 시작하는 아이들 3분의 1,
수업 후반부에는 졸거나 자는 아이들이 절반이다.
전체 학생을 일어나도록 하여 스트레칭도 시키고
박수도 치게 하며 잠을 깨워보지만
잠이 모자란 아이들, 공부에 흥미가 없는 아이들,
아예 공부를 포기한 아이들에게는 백약이 무효다.
졸거나 자는 아이를 만나는 아픔도 있지만
책상 앞에 앉아있지만 공부에 관심 없는 아이 만나는 아픔이 더 크다.
책상 앞에 앉아있기는 하지만 공부에는 관심도 없는 아이들.
아는 것 없고 궁금한 것도 없어 질문도 못하는 아이들.
15년 전만해도 귀찮다는 생각 들 정도로 질문 많이 받았었는데
요즘 아이들은 질문을 하지 않는다.
시험이 끝나면 이의 제기하는 아이들 꼭꼭 있었는데
요즘은 이런 아이들 만나는 것 어쩌다 한 번이다.
15년 전만 해도 모의고사를 대충 보는 아이 거의 없었는데
요즘은 국어영역조차 정성들이지 않는 아이들 많다.
지문 읽고 문제 읽는 일조차 귀찮아한다.
문제는 수학이다.

아예 시험지를 쳐다보지 않는 아이가 30명 중 예닐곱 명,

30분도 지나지 않아 엎드려버리는 아이 절반,

50분 지난 뒤 시험지와 씨름하는 아이는 열 명 미만.

모의고사를 굳이 보아야 하는지 회의가 밀려오는 순간이다.

모의고사가 끝난 다음날에 교실에 들어가면 10년 전 아이들은

경쟁하듯 질문하고 따지고 하였는데,

그래서 모의고사 후 첫 시간은 시험 문제에 관한 질문 받느라

아예 진도를 나갈 수 없었는데

요즘 아이들은 아예 질문을 하지 않는다.

모의고사를 통해 무엇이 부족하고

앞으로 어떻게 공부할 것인가를 고민하고 연구하여야 함에도

아이들은 전혀 관심을 기울이지 않는다.

겨우, 국어 몇 점, 영어 몇 점, 수학 몇 점, 탐구 몇 점

올랐느냐 내렸느냐에만 관심 가질 뿐.

누구도 이 안타까운 현실을 만든 책임에서 자유로울 수 없지만,

가장 많은 책임을 져야 할 사람은 교사이인 것 맞다.

인생을 맡았다는 책임 의식 가지고 아이들에게 다가가지 못했고

열정과 사명감 가지지 않고 아이들 만난 것 인정해야 한다.

학부모님들의 책임도 피할 수 없다.

어렸을 때부터 공부 공부 외치면서 공부 강요하여

아이들로 하여금 공부에 거부감을 갖도록 하였기 때문이고,

사교육이 학력을 키워줄 수 있다는 거짓 정보에 속아

사교육 속으로 빠뜨려버렸기 때문이다.

자녀를 사랑하는 순수한 마음에서였을 것 분명하지만 결과적으로
아이들을 지치게 만들었고, 공부에 흥미를 잃게 만들었으며
우리 사회를 전쟁터로 만들었기 때문이다.

초 · 중 · 고등학교 학생들이 이 학원 저 학원 쫓아다니는 모습을
안타까운 마음으로 바라보았으면 좋겠고
헛공부 하고 있는지 진짜 공부하고 있는지 확인하면 좋겠다.
텅 빈 학교 운동장 바라보며
아이를 위한 교육인지 자신의 만족을 위한 교육인지 생각하며
눈물 흘릴 수 있으면 좋겠다.
공부도 재주인 것임 인정하여 욕심 부리지 않으면 좋겠고,
믿어주고 기다려주면 좋겠으며,
마음껏 뛰어놀라고 등 떠밀어주면 좋겠다.
대학에 진학하지 않아도 괜찮다고 생각해주면 좋겠고,
공부 못해도 정말 괜찮다고 다독여주면 좋겠다.

도서출판 이비컴의 실용서 브랜드 **이비락**(樂)은 더불어 사는 삶에 긍정의 변화를
가져다 줄 유익한 책을 만들기 위해 노력합니다.
원고 및 기획안 문의 : bookbee@naver.com